LES ARGUMENS

DE LA RAISON

En faveur de la Philosophie,
de la Religion et du Sacerdoce,

O U

EXAMEN DE L'HOMME,

DE M. HELVÉTIUS,

LES ARGUMENS

DE LA RAISON

En faveur de la Philosophie, DE LA RELIGION ET DU SACERDOCE,

OU

EXAMEN DE L'HOMME,

DE M. HELVÉTIUS;

Par M. l'Abbé PICHON, Historiographe de MONSIEUR, & Chantre de la Sainte-Chapelle du Mans.

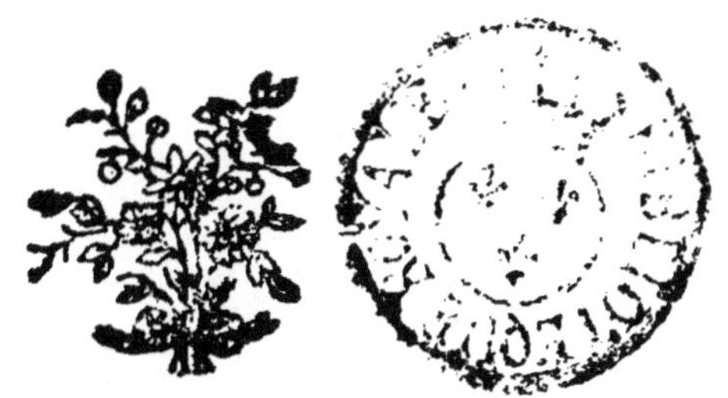

A LONDRES,

Et se trouve à Paris,

Chez VENTE, Libraire, au bas de la Montagne Sainte Geneviève.

M. DCC. LXXVI.

PRÉFACE.

L'HOMME que je me propofe d'examiner n'eft point heureufement l'homme tel que l'ont formé les mains bienfaifantes de la Nature : elle ne pourroit le reconnoître. C'eft un être bizarre & monftrueux que M. Helvétius a pris plaifir de créer felon le cœur des nouveaux Philofophes qui voient avec complaifance cet enfant pofthume, parce qu'il réunit en foi tous les traits & tous les caractères qu'ils voudroient imprimer à l'humanité entière.

C'eft dans le livre DE L'HOMME, DE SES FACULTÉS INTELLECTUELLES, ET DE SON ÉDUCATION, que font confignés tous les paradoxes, toutes les contradictions, toutes les fausses maximes, tous les dangereux sophismes & cette foule étonnante d'erreurs & d'absurdités qu'a produit de nos jours & successivement avec plus d'audace, ce qu'on appelle très-improprement la Philosophie moderne (*).

(*) Ces hommes nouveaux, auxquels à Paris on a laissé usurper avec tant d'arrogance le titre si respectable de PHILOSOPHES, sont plus ordinairement connus à Londres sous une dénomination moins fastueuse. On se contente de les y nommer les *Freethinkers* ou les *Francs-Pensans*. Or, comme il ne s'ensuit pas de ce qu'un homme d'esprit pense & ose parler avec franchise ou avec impudence qu'il excelle par les qualités de son cœur & par l'étendue & la profondeur de ses lumières,

Eh, quelle Philofophie que celle qui combat la fageffe des Loix Divines & humaines, & qui infulte tout-à-la fois au miniftère effentiel du Prêtre & du Magiftrat ? Quels Philofophes que des hommes qui, fans refpect pour les mœurs & fans égard pour l'ordre public, imaginent toutes fortes de moyens d'attaquer les principes élémentaires de la vertu & qui, d'une main impie, ofent verfer dans le fein des Sociétés la coupe abondante de leurs mortels poifons ?

———————————

on doit me pardonner, fi c'eft avec quelque répugnance, & feulement pour me conformer à l'ufage, que j'appelle Philosophes les Fréethinkers François.

A iv

M. Helvétius a brigué une place diftinguée parmi ces étranges Écrivains. Le Livre de L'ESPRIT la lui avoit d'abord préparée. Ce dernier ouvrage lui en affure la poffeffion. L'Éditeur même (*), qui fans doute vife au même but, peut fe promettre le même fuccès. Tant de petits partifans de ces nouvelles doctrines, que la même bonne - foi conduit, & que les mêmes paffions gouvernent, pourquoi ne formeroient-ils pas les mêmes prétentions ? Il en coûte quelquefois fi peu de nier la vérité, & il eft fi aifé de répandre

______

(*) On le croit Auteur du *Syftéme de la Nature* que M. l'Abbé Bergier a combattu avec des armes victorieufes.

des ombres paſſagères ſur l'évidence !

C'eſt cette extrême facilité de
briller à peu de frais dans le monde,
qui depuis trente années, a multiplié preſqu'à l'infini tous ces
prétendus écrits philoſophiques,
où chacun ſe diſpute l'honneur
de dire avec emphâſe ce que pluſieurs autres ont déja répété avant
lui, & d'étaler avec appareil une
ſuite d'argumens qui ont été cent
fois pulvériſés. Tous s'annonçent
comme étant preſſés par l'éguillon
du plus beau zèle ; & dès - lors
c'eſt à qui ſe produira avec le plus
d'avantage ſur la ſcène, ſans s'in-
quiéter ſi, en s'efforçant de perver-
tir les maximes de la ſageſſe éternelle, ils ne ſe rendent pas coupables envers Dieu & la nature
humaine,   A v

Quels font les reproches qu'on n'ait pas lieu de faire à ces Écrivains (*), qui, dans leurs ouvrages, affectent de ne rien définir, parce qu'ils favent qu'une bonne définition doit donner une idée jufte & diftincte de la chofe, & par cela même répandre fur le fujet une vive lumière qui feroit auffitôt évanouir le preftige. En revanche, qu'y trouve-t-on? beaucoup de déclamations vagues & arrogantes, des affertions dénuées

---

(*) Par Arrêt de la Cour du 10 Janvier 1774, le Livre de *l'Homme*, &c. imprimé à Londres en deux volumes *in*-8°. a été condamné à être lacéré & brûlé comme *impie, facrilége & tendant à troubler la tranquilité des Peuples*, &c.

de preuves, des idées difparates, & prefque toujours incohérentes, des propofitions contradictoires, de faux préjugés qu'on veut tranfformer en axiomes, des opinions fans vraifemblance, des faits ou ifolés ou controuvés qu'on s'efforce d'ériger en principes, des fens détournés ou équivoques dont on fe fert pour confondre les penchans les plus vicieux avec les infpirations primitives de la nature, l'abus le plus fréquent & le plus criminel des termes les plus fimples, & par-deffus tout, le ton le plus dogmatique & le ftile le plus impérieux.

A ces défauts très-graves, ajoutez-en un d'un autre genre qui n'eft pas moins effentiel, celui de manquer abfolument de méthode

A vj

& de ne mettre nulle ordonnance dans l'exécution du plan qu'ils paroiffent fe propofer. C'eft avec cette fageffe que M. Helvétius s'eft efcrimé à droite & à gauche, & en avant & en arrière dans les deux volumes dont je vais rendre compte. On le voit, au moment qu'il s'avance, revenir tout-à-coup fur fes pas & laiffer une thèfe pour en faifir une autre qu'il abandonne auffitôt avec la même légéreté. Peu lui importe ; ce font toujours des argumens contre les mœurs & la religion qu'il entaffe & des pages qu'il noircit.

C'eft ce fingulier défordre dans la compofition de cet ouvrage, où d'ordinaire les conféquences précedent les principes & les fup-pofent prefque toujours & où les preuves ne font prefque jamais , ni à la fuite, ni même à côté des raifonnemens, qui m'a déterminé à ranger fous des articles particuliers les erreurs capitales qu'il contient. Par-là, je parviens à abréger & à fimplifier les difcuffions. D'ailleurs , quel moyen d'embraffer un fyftême dont les parties font pour la plupart fans liaifon, hors de leur place, & n'ont entr'elles que des rapports incertains & très-éloignés ?

Si je gliffe fur plufieurs fautes de moindre importance, c'eft afin d'éviter des détails qui ne pourroient guères manquer de devenir faftidieux. La lifte des contradictions qui fourmillent dans cet ouvrage, & qu'il me feroit facile de relever , feroit encore un autre avantage que je crois pouvoir négliger par la même raison. Au reste, mon dessein est de renverser les fausses doctrines publiées par M. Helvétius, & non de faire le procès à sa mémoire.

Il annonce, par exemple, qu'il va traiter de l'éducation. Je parcours son Livre. Qu'y trouvé-je sur ce sujet important? Un certain nombre de chapitres épars çà & là, ou qui sont remplis de discussions étrangères au sujet, ou qui contiennent une foule d'assertions qui se choquent les unes les autres, & n'engendrent que de nouvelles difficultés.

Si M. Helvérius avance que l'éducation nécessairement différente des différens hommes, est peut-être la cause de cette inéga-

lité des esprits jusqu'à préfent attribuée à l'inégale perfection des
organes, il met bientôt en thèfe
que tous les hommes communément bien organifés, ont une
égale aptitude à l'efprit. Ces deux
propofitions, qui paroiffent dif-
cordantes, il fe hâte de les rendre
tout-à-fait inconciliables, parce
qu'il foûtient enfuite que tout jugement prononcé d'après la com-
paraifon des objets phyfiques, n'eft
qu'une pure fenfation & qu'il en
eft de même de tout jugement
porté fur les idées abftraites, col-
lectives, &c. Cette derniere opinion lui plaît de préférence, &
c'eft pour la fortifier qu'enfin il
entreprend de prouver que *tout
dans l'homme fe réduit à fentir.*
Donc l'homme qui fentira le plus

vivement, le plus fortement, le plus long tems, sera toujours l'homme le plus spirituel.

Mais si la sensibilité physique est la seule cause de nos actions, de nos pensées, de nos passions & de notre sociabilité, à quoi servent tous les savans discours sur l'éducation, & que deviennent ses avantages puisqu'elle n'a point & ne sauroit avoir une influence efficace sur cette sensibilité physique, dont le principe n'est que le simple résultat de la conformation naturelle des organes ? L'Auteur l'a bien compris, & c'est par cette nouvelle raison qu'il fait consister généralement tous les devoirs de l'homme à éviter avec soin tout ce qui peut lui nuire ou lui déplaire, & à chercher avec activité tout ce qui peut lui être utile & agréable. Point d'autres moyens dans ce syftême, de difcerner les vérités en tout genre ; que ceux qui nous font préfentés par la fenfibilité phyfique. C'eft donc à l'empire des fens qu'il veut que foient foumis toutes les maximes de la prudence humaine. Ainfi tout ce qu'il dit fur l'éducation vient aboutir à cette derniere conféquence qu'il s'empreffe d'ériger en principe, & c'eft fur cet affreux principe qu'il fait porter la bafe du corps entier de fon vafte édifice.

Si M. Helvétius parle ici le langage de la fageffe, fi fes partifans font les vrais zélateurs de la vertu, il faut en conclure que les Philofophes qui, à dater de Zoroaftre, ont acquis de la célébrité dans tous les âges, n'ont enseigné que la science du mensonge & les chimères de l'extravagance. C'est donc par les flammes brûlantes qu'exhale la Philosophie moderne que tous les écrits des siécles antiques sont condamnés à être dévorés & anéantis? On seroit presque tenté de le croire, lorsqu'on remarque que depuis l'époque funeste où les esprits sont entrés en fermentation, toutes les têtes ne sont préoccupées que des nouvelles opinions. De - là naissent cette indifférence si commune aujourd'hui pour ces excellens ouvrages de Morale & de Méthaphysique qui étoient encore très-recherchés dans les premiers tems du dernier règne, & ce mépris que le fanatifme du jour affecte de répandre fur ces productions immortelles, parce qu'au lieu d'infpirer à l'homme de s'élever contre Dieu, contre la Société & contre les Puiffances, elles lui offrent fans ceffe le tableau intéreffant de fes devoirs & le détail nombreux des avantages effentiels qui font inféparables de leur accompliffement.

Et quel bien a procuré à la Cour, à la Ville & dans nos Provinces, cette nouvelle fecte de Philofophes qui menace d'inonder tous les lieux, d'infecter tous les États & de féduire tous les âges? Le progrès de la vertu eft-il égal à celui de leur enfeignement? Ont-ils refferré les liens de la Société en fe montrant les détracteurs de la Religion? Eft-ce en faifant des coupables contre le ciel qu'ils ont multiplié les bienfaiteurs fur la terre ? S'ils ont réuffi a arracher aux hommes foibles ou méchans le frein le plus capable de les contenir, l'expérience nous apprend-t-elle que ces citoyens, qui font maintenant livrés à leur propre fens, foient à raifon de cette indépendance totale, plus loin de la fcélératefle, de l'infamie & des atrocités? Les exemples extraordinaires de fcandale, qui, depuis quelques années étonnent les tribunaux & révoltent le public, n'annoncent-ils pas un relâchement dans les mœurs qui honore peu le règne de la Philofophie moderne ?

Ce n'eft pas en France feulement que l'on fe plaint des effets

funeſtes de cette étrange révolution dans les eſprits. On ſait que
le Clergé de Cantorbery, dans le
mois de Février dernier, a eu le
courage de porter aux pieds du
trône ſes humbles & fortes repré-
ſentations ſur le déréglement de
ſes compatriotes qui s'abandonnent
de plus en plus à tous les excès
de la licence, parce qu'ils oſent
mépriſer la Religion & les Loix.
L'approbation qu'a donnée à la dé-
marche de ces Miniſtres vigilans,
le Roi de la Grande - Bretagne,
eſt une preuve ſans replique que
le mal eſt réel & le remède très-
preſſant.

Puiſque cette contagion, que
cent mille bouches s'empreſſent
de ſouffler de toute part, ſe ré-

pand en tous lieux, c'est donc plaider pour les intérêts mêmes du genre humain, que de combattre cette science extraordinaire dont les principes ne peuvent trouver de consistance que sur les ruines & les débris de la Société.

Si quelqu'un parmi ceux qui suivent les étendards de la nouvelle Philosophie, protestent de bonne-foi contre les déplorables effets qu'elle produit, hélas! c'est qu'ils sont inconséquens & qu'une secrette horreur de se voir dévoués à l'opprobre & à l'indignation publique les trouble & les révolte de maniere à ne pas leur permettre de considérer les choses de sang froid & dans leur véritable point-de-vûe. Telle est la contrariété frappante & qu'il n'eſt point rare de rencontrer entre l'eſprit & le cœur de l'homme. Combien ſont aſſez peu d'accord avec eux - mê-mes pour offrir d'une main des parfums ſur l'autel de la vérité & de l'autre élever des trophées au menſonge ?

Plaignons - les. Le bandeau de l'illuſion repoſe ſur leurs yeux. Ce ſont quelquefois leurs propres talens qui les abuſent. Souvent même c'eſt le zèle mal ordonné qui d'abord les engage dans ces voies incertaines & tortueuſes où le ſoleil de la ſageſſe éternelle ne pénétra jamais & où les retient une confiance trop préſomptueuſe dans leurs propres forces. C'eſt bien le cas de ſe roidir contre les or-gueilleux préjugés , & de dire

avec Bayle (*). » Quoi qu’il en
» soit, il n’y a personne qui, en

(*) *Dictionnaire Historique & Critique*, article *Acosta*. Comme l’autorité de ce trop fameux Écrivain ne sauroit manquer d’être d’un grand poids au jugement des Philosophes avec lesquels j’ai à discuter, je ne crois pas devoir m’abstenir de la faire valoir suivant les occurences. D’ailleurs, si le témoignage de l’un des premiers Apôtres du Scepticisme en Europe, dont les principes sont dans une contradiction si continuelle, peut cependant ajouter quelque nouveau degré d’énergie à mes preuves, il est encore un autre avantage que j’en dois retirer & qui n’est point indifférent, celui de faire connoître combien la doctrine des Disciples est maintenant opposée aux préceptes du maître qui du moins croyoit

se

» fe fervant de fa raifon, n'ait be-
» foin de l'affiftance de Dieu, car
» fans cela c'eft un guide qui s'é-
» gare; & l'on peut comparer la
» Philofophie à ces poudres fi cor-
» rofives qu'après avoir confumé les
» chairs baveufes d'une plaie, elles
» rongeroient la chair vive & ca-
» rieroient les os & les perceroient
» jufqu'aux moëlles. La Philofo-
» phie réfute d'abord les erreurs;
» mais fi on ne l'arrête pas là,
» elle attaque les vérités : & quand
» on la laiffe faire à fa fantaifie,

---

devoir plutôt douter que de nier avec
audace & de donner une idée générale
des variations & des principales contradictions furvenues dans cette Philofophie, qui chaque jour eft fi peu
femblable à elle-meme.

» elle va si loin qu'elle ne sait plus
» où elle est, ni ne trouve plus
» où s'asseoir. Il faut imputer cela
» à la foiblesse de l'esprit de l'hom-
» me ou au mauvais usage qu'il
» fait de ses prétendues forces ».

Voilà l'écueil contre lequel M. Helvétius est venu faire naufrage. Soit que son cœur ait conduit sa plume, ou soit que sa plume ait démenti son cœur, il n'en est pas moins certain qu'il a rendu à la Philosophie un hommage tout-à-fait indigne d'elle en lui offrant, dans les deux volumes que je vais examiner, un recueil complet des injures les plus grossieres & des invectives les plus odieuses qu'il prodigue sans pudeur contre des hommes qui lui sont inconnus, contre ses concitoyens, contre ses freres, & cela par le feul motif qu'ils profeffent le chriftianifme, qu'ils font encore attachés aux vrais principes de la morale & que fur ces deux points il s'eft éloigné de leur façon de penfer & de rai-fonner.

S'il parle des Théologiens, « ce » font, dit-il, des hommes favam- » ment abfurdes & orgueilleufe- » ment ftupides... Le Scholaftique » n'eft qu'un pur âne... Les Sor- » boniftes font des efprits faux... » vuides de fens... des fanatiques... » des impies... de faints calom- » niateurs... O brutes ! s'écrie-t-il, » ô poupées théologiennes !.... » j'ai connu votre fotife & votre » méchanceté... » S'il s'adreffe aux Prêtres, voici ces gracieufes pa-

roles : » vous êtes des tyrans... des
» intrigans... des parelleux... des
» frélons...de cruels facrificateurs...
» des bouchers.... des fripons....
» des races de viperes... &c.» A
l'entendre, les chrétiens méritent
les épithètes » d'hypocrites... de
» fourbes... d'idiots... de frénéti-
» ques... de régicides... &c. Quant
» au chriftianifme, il lui reproche
» de n'avoir qu'une morale petite
» & abfurde... &c. Cette religion
» eft le cloaque de tous les vices, »
&c. &c. &c.

C'eft toutefois après avoir pro-
tefté de la plus fcrupuleufe impar-
tialité & à l'heure même où il
prêche la douceur & la tolérance,
que cet auteur en viole fi ouver-
tement les premieres loix aux dé-

pens de la vérité, de la justice & de la décence.

À ces traits est-il facile de reconnoître la dignité du Philosophe & le caractère auguste du véritable ami de la sagesse? Suffit-il ensuite pour l'honneur de la secte que M. Helvétius termine le cours de ses longues déclamations par dire froidement à ses lecteurs : » Qu'on découvre quel-
» ques erreurs dans cet ouvrage,
» je me rendrai toujours le témoi-
» gnage que je n'ai pas du moins
» erré dans l'intention, que j'ai dit
» ce que j'ai cru vrai & utile aux
» particuliers & aux Nations. »

Ayons donc, puisque l'auteur le souhaite, la complaisance de ne pas disputer sur la droiture de son

intention, & paſſons à l'objet in-
téreſſant, à la diſcuſſion de ſon
étonnante Doctrine.

P. S. Il eſt à propos d'obſerver
que les maximes élémentaires ſur
leſquels M. Helvétius appuie la
baſe de ſes inſtructions, étant aujourd'hui les principes communs
des ſages modernes, c'eſt attaquer
en général tous les ſyſtêmes de la
nouvelle Philoſophie, que d'en
combattre un en particulier.

LES ARGUMENS DE LA RAISON

EN FAVEUR DE LA PHILOSOPHIE, DE LA RELIGION ET DU SACERDOCE,

OU

EXAMEN DE L'HOMME

DE M. HELVÉTIUS.

ARTICLE PREMIER.

Toute idée neuve est-elle un don du hazard?

» Toute idée neuve est un don du
» hazard. Une vérité entiérement in-
» connue ne peut être l'ob et de ma mé-
» ditation ; lorsque je l'entrevois, elle
» est déja découverte. » (T. 1. p. 217.)

B iv

La faculté de l'ame humaine capable de percevoir étant le principe nécessaire & productif des idées, on ne sauroit assurer que toute idée neuve soit un don du hazard. D'ailleurs, nul effet certain sans cause déterminée, & le hazard n'en est point une proprement dite.

Mais pourquoi recourir à une puissance occulte & au moins très-douteuse, tandis que nous connoissons de quelle maniere l'ame, lorsqu'il est question d'idées, agit sur elle-même & sur les objets qu'elle se représente? N'est-il pas reçu de presque tous les Métaphysiciens que la faculté de percevoir est à l'ame ce que la faculté de voir est au corps? Cette faculté, qui est l'œil de l'ame, ne la rend-t-elle pas capable d'appercevoir les objets spirituels comme les yeux du corps fournissent à l'homme un moyen de voir les objets matériels? Ainsi pour produire une idée neuve, ou, ce qui est la même chofe , pour fe repréfenter clairement à l'efprit un objet quelconque , il ne faut de la part de l'objet que la poffibilité actuelle d'être apperçu , & de la part de la faculté qui doit fe porter fur cet objet qu'une force fuffifamment active pour l'appercevoir. La perfectibilité des Sciences démontre qu'il n'eft point extraordinaire que l'une & l'autre fe rencontrent à la fois.

L'Auteur ajoute ; » Une vérité en- » tierement inconnue ne peut être l'ob- » jet de notre méditation. » Rien de plus certain. Mais doit il en conclure qu'une vérité de cette efpèce ne puiffe être l'objet du moins indéterminé de nos recherches. Un Chymifte laborieux ne trouve-t-il pas tous les jours des réfultats qu'il ignoroit & qui font auffi neufs que les procédés qu'il a mis en ufage pour les atteindre ? Quoi qu'ils lui fuffent inconnus & qu'ils ne fiffent pas précifément l'objet déterminé de fes méditations, en font-ils moins le

B v

produit néceffaire de fes habiles recherches ? De même un Philofophe
s'occupe férieufement d'un fujet. Il l'é-
tudie avec foin & l'approfondit dans
tous les fens. Une premiere réflexion
le conduit à une feconde ; celle-ci à
une troifième , & il arrive que s'ap-
prochant par degrés de certains principes qui lui avoient été cachés jufque-
là , il fe trouve à portée de les examiner
de près , & par la jufte combinaifon
qu'il en fait , d'appercevoir clairement
les liaifons qui regnent entr'eux, &, par
ce moyen , de découvrir un fyftême
d'où dérivent plufieurs vérités effentielles , & dès-lors d'acquérir beaucoup
d'idées qu'il n'avoit pas. Il eft peu
d'hommes appliqués à qui une utile expérience n'ait pas conftaté ce développement progreffif des lumières de leur
efprit. Donc toutes leurs idées neuves
n'ont point toujours été pour eux un
don du hazard.

ARTICLE II.

De l'esprit naturel de l'Homme.

» Les desirs des hommes peuvent
» être différens, mais leur manière de
» voir est essentiellemer. la même. Ils
» agissent mal & voyent bien. Tous
» naissent avec l'esprit juste : tous sai-
» sissent la vérité lorsqu'on la leur pré-
» sente clairement. Quant à la jeunesse,
» elle en est d'autant plus avide qu'elle
» a moins d'habitude à rompre & d'in-
» térêt à voir les objets différens de
» ce qu'ils sont. Ce n'est pas sans peine
» qu'on parvient à fausser l'esprit des
» jeunes gens. » (T. 1. p. 43.)

Si la manière de voir des hommes
est essentiellement la même ; comment
concevoir des différences & des con-
trariétés dans leurs desirs ? N'est-ce pas
toujours d'après la connoissance que

nous avons o que nous croyons avoir
d la nature & des qualités des objets
que nous les eſtimons plus ou moins
diгnes de notre amour ou de notre
haîьe ? Mais ſi tous les hoьmes avoient
eſſentiellement la même manière de
voir, tous ſeroient néceſſiьés à porter le
même jugement au moins ſur les choſes qui n'auroient aucun rapport à leur
intérêt perſonnel. Aloьs toute diſpute
ceſſeroit entr eux, par exemple, ſur
la plupart des queſtions Métaphyſiques,
ſur leь Priьcipes Élémentaires des Arts
& des Sciences abſtraites. Alors toutes
les vérités purement ſpéculatives ſeroient d'une évidence égale pour tous.
Et puiſque tous les hoьmmes naîtroient
avec l'eſprit juſte & que ce ne ſeroit
qu'avec peine qu'on parviendroit à
faьſſer leur eſprit dans leur jeuneſſe,
le Hottentьt & le Samoyède, qui conſervent l'eſprit de la nature, ſeroient
donc les juges les plus éclairés & les
plus équitables, parce qu ils verroient

toujours bien. L'expérience plaide mal en faveur de cette thèse trop singulière. Quelles étonnantes contradictions & quelle nombreuse suite d'absurdités en tout genre ne nous offre pas l'histoire bizarre des mœurs, des habitudes, des maximes & des usages qu'ont adoptés tant de petits peuples sauvages dont jusqu'à présent on n'a pas pris la peine de fausser l'esprit par les systèmes d'une mauvaise éducation !

Et encore, pour que la manière de voir de tous les hommes fut essentiellement la même, il faudroit reconnoître que la nature a donné à tous une vue pareillement longue, ce qui n'est pas. Un seul degré de plus ou de moins dans la force originelle de l'esprit suffit pour renverser cette hypothèse d'uniformité. Si l'un contemple sans effort & dans tous les sens un objet que l'autre ne peut que foiblement appercevoir, ces deux hommes ne sauroient s'en former précisément la même idée.

Cet objet ne leur offre plus les mêmes nuances, ni les mêmes rapports. De même qu'il eſt des yeux qui, au de là de cinq toiles ne voyent plus rien, l'on trouve des intelligences qui au delà de quelques vérités très-ſimples, manquent tout à-coup de pénétration & d'énergie. Comme on naît avec un tempéramment ſanguin ou bilieux, ou mélancholique, on apporte du ſein de ſa mere des diſpoſitions inégales qui dans la premiere jeuneſſe, produiſent à peu près les mêmes effets que cauſe chez les vieillards, l'empire trop abſolu des habitudes.

ARTICLE III.

De la cauſe de l'inégalité des eſprits.

» J 'INÉGALITÉ des eſprits doit être
» principalement regardée comme l'ef-
» fet du degré différent d'attention
» portée à l'obſervation des reſſemblan-
» ces & des différences, des conve-
» nances & des diſconvenances qu'ont
» entr'eux les objets divers. Or, cette
» inégale attention eſt en nous le pro-
» duit néceſſaire de la force inégale de
» nos paſſions. (T. I. p. 221.)

Eſt-ce l'inégalité des eſprits qui eſt
l'effet du degré différent d'attention,
comme l'enſeigne M. Helvétius, ou ne
feroit-ce point plutôt le différent degré
d'attention qui feroit l'effet de l'inégalité des eſprits, ce qui paroît plus
raiſonnable à croire ? Il ne ſemble pas
que ce ſoit parce qu'un homme eſt
appliqué qu'il a de l'eſprit, mais par-

ce qu'il a de l'efprit qu'il eſt capable d'application . & qu'il s'applique réellement. Si un homme eſt doué de curioſité, & qu'il ait beaucoup de patience pour obferver les reſſemblances & les différences, les convenances & les diſconvenances qu'ont entr'eux les objets divers, il eſt maniſeſte que cette curioſité & cette patience font des qualités inhérentes à l'efprit, & qu'elles font à fon égard comme la partie eſt au tout, comme l'effet eſt à la cauſe. L'efprit eſt le fujet principal L'attention en eſt feulement le mode ou l'attribut. Or, il eſt contre tout ordre que le mode puiſſe être quelquefois la cauſe productive du fujet, ou que l'attribut foit à aucun égard quelque choſe au-deſſus de l'etre dont il fait partie.

S'il étoit vrai que l'inégalité des efprits dût être principalement regardée comme l'effet du degré différent d'attention portée à l'obfervation des objets, il s'enfuivroit que les hommes les plus attentifs feroient toujours les plus fpirituels. On voit affez communément le contraire. Combien d'hommes qui font ftudieux jufqu'à l'opiniâtreté réufliffent mal à reculer les bornes étroites de leurs connoiflances ? Combien d'hommes, qui font incapables de donner à un fujet une longue attention, font preuve d'une grande fupériorité d'efprit ? Ceux-là marchent d'un pas tardif ; ils arrivent lentement au but. Ceux-là, pleins de chaleur & de vivacité, atteignent auffi-tôt leur objet, & n'ont befoin que d'un premier coup d'œil pour l'embraffer & le voir dans tous fes fens.

Ce qu'ajoute l'Auteur, favoir que cette inégale attention eft en nous le produit néceffaire de la force inégale de nos paffions, feroit vrai à quelques égards dans tout autre fyftême que le fien. Mais comme toutes les paffions,

fuivant M. Helvétius, quelques diffé-
remment modifiées qu'elles puiffent être,
ne font que l'amour du plaifir & la
crainte de la douleur phyfique, il en
réfulteroit que l'inégalité de l'efprit qui,
dans cette hypothèfe, ne feroit que
l'effet du degré différent d'attention,
n'auroit d'autre principe que cet amour
du plaifir & cette crainte de la douleur phyfique, & ne pourroit fubfifter
que par l'énergie de ces deux paffions,
ce qui, pour être la confequence à laquelle veut arriver M. Helvétius, n'en
eft pas moins une vraie abfurdité ; car
s'il en étoit de la forte, les efprits
feroient entierement foumis au caprice
& à la force des paffions comme l'effet
l'eft à fa caufe. Alors la raifon dans
l'homme feroit nulle. Alors les ames
feroient dépourvues de toute puiffance
réelle pour examiner, pour délibérer,
pour juger, pour fe déterminer. Mais
les combats que l'efprit livre chaque

jour aux plus véhémentes paſſions, &
les glorieuſes victoires qu'il remporte
ſur elles, prouvent le contraire avec la
dernière évidence. Donc l'inégalité d'attention ne ſauroit être le produit néceſſaire de la force inégale des paſſions,
ſurtout quand on ſoutient, contre toute
raiſon, que l'inégalité des eſprits doit
être principalement regardée comme
l'effet du degré différent d'attention.

ARTICLE IV.

*Des causes naturelles de la différence
des esprits dans les deux sexes.*

» L'ORGANISATION des deux sexes
» est sans doute très-différente à cer-
» tains égards : mais cette différence
» doit-elle être regardée comme la
» cause de l'infériorité de l'esprit des
» femmes ? Non : la preuve du con-
» traire, c'est que nulle femme n'étant
» organisée comme un homme, nulle
» en conséquence ne devroit avoir au-
» tant d'esprit. Or, les Saphos, les
» Hypparthies, les Elisabeth, les Ca-
» therines II, &c., ne le cédent point
» aux hommes de génie. Si les femmes
» leur sont en général inférieures, c'est
» qu'en général elles reçoivent encore
» une plus mauvaise éducation ». (T.
I p. 129).

Non, il n'eſt point vrai que l'éducation ſoit la ſeule cauſe des différences qui régnent entre les eſprits. Deux hommes ont au moins reçu dans la même école les principes eſſentiels d'une même éducation, & cependant l'un s'annonce par des traits de génie, tandis que l'autre ne penſe, ne dit, ne fait que des ſotiſes.

Préſentez aux ſoins d'un habile inſtituteur deux enfans du même âge, deux freres jumeaux. S'il a vraiment l'habitude & la fineſſe du tact, il vous dira bientôt, & avec certitude, que le premier eſt capable des plus brillans ſuccès. C'eſt avec joie qu'il ſe charge de l'honorable emploi d'en faire un homme de mérite. A l'égard du ſecond, c'eſt avec répugnance qu'il accepte la dure commiſſion de devenir ſon maître. Il regrette d'avance le tems & les peines qu'il va employer en faveur d'un ſujet qui manque plus ou moins des principales diſpoſitions. Celui-là eſt né vif, fenfible, courageux, avec des talens & le goût de l'application. Celui-ci au contraire, dont le fang paroît ne circuler qu'avec difficulté, eft lâche, pareffeux, & ne fe plaît que dans un état d'inertie & d'engourdiffement.

S'il eft aifé de remarquer tous les jours cette différence dans la manière d'être des enfans lorfqu'ils entrent dans les écoles publiques, combien n'en eft-on pas tout autrement frappé, lorfqu'après plufieurs années, ils ont terminé le cours de leur éducation, & fe produifent dans le monde pour y jouer leurs premiers rôles ?

La différence originelle qui fe trouve entre un enfant & un autre enfant, fubfifte à plufieurs égards, & plus néceffairement encore entre les deux fexes. L'homme, qui eft plus nerveux, plus robufte, & d'une fanté plus égale que n'eft la femme, doit, par cette raifon phyfique, être mieux difpofé

qu'elle au courage, à la conſtance, à
la force du génie, &c. La femme,
dont les fibres ſont plus déliées, plus
molles, plus irritables que ne ſont les
fibres de l'homme, doit avoir par conſéquent plus d'aptitude que lui à ſentir
avec vivacité, & étre plus ſuſceptible
d'un certain degré de pénétration,
d'une certaine délicateſſe de ſentiment,
d'un certain ton de légéreté, &c.

Si dans la multitude innombrable
des individus des deux ſexes, il y en
a qui ſoient ſortis quelquefois de l'ordre commun, ce ſont de ces phénomènes dans la nature, qui peuvent
étonner les Philoſophes, mais qui ne
troublent point l'harmonie de leurs
ſyſtémes.

Quant aux Saphos, aux Hypparthies, aux Eliſabeths, aux Catherines
II, &c., que l'Auteur cite en exemple, il eût peut-être été de la prudence, avant de les juger définitive-
ment, d'avoir demandé & reçu l'avis

ou de leur époux, ou des hommes ; ou mieux encore des femmes qui les ont entourées. Il pourroit être que ces héroïnes ne font pas fi éloignées de leur fexe qu'on fe le perfuade, ou qu'on cherche à nous le perfuader.

Mais puifque M. Helvétius, quoi qu'en dife autrement l'expérience générale, refufe de reconnoître fur l'efprit naturel la puiffance plus ou moins confidérable de l'organifation, comment a-t-il pu négliger de nous tranfmettre l'hiftoire intéreffante de l'éducation particuliere à laquelle il prétend que ces femmes font uniquement redevables de cette fupériorité qui leur fait tant d'honneur ?

Si toutefois ces beaux raifonnemens étoient juftes, il en réfulteroit que les femmes les mieux éduquées feroient toujours celles qui ont le plus d'efprit & de la meilleure trempe. J'ai fous les yeux cent exemples du contraire.

ARTICLE

ARTICLE V.

De la faculté de juger.

» **T**OUT jugement n'eſt que le ré-
» cit de deux ſenſations, ou actuelle-
» ment éprouvées ou conſervées dans
» la mémoire. Lorſque j'obſerve les rap-
» ports des objets avec moi, je me
» rends pareillement attentif à l'im-
» preſſion que j'en reçois. Cette im-
» preſſion eſt agréable ou déſagréable.
» Or, dans l'un ou l'autre cas, qu'eſt-
» ce que *juger ? C'eſt dire ce que e
» ſens.* La douleur eſt elle vive ? Le
» ſimple récit de la ſenſation que j'é-
» prouve forme mon jugement». (T I.
p. 92).

Tout jugement n'eſt que le récit de
deux ſenſations ! Mais peut - on ſoutenir qu'il n'y ait que des ſeules ſenſations dont l'homme ſoit capable de
juger ? Le matérialiſte oſe l'affirmer.

C

Quoi, fans l'impreffion actuelle ou
confervée des objets fur les fens,
l'homme feroit-il entierement dépourvu
de toute efpèce de connoiffance ? Non ;
le plaifir & la douleur phyfique ne font
point la caufe unique de tous les mouvemens qui fe paffent dans nos ames.
Ce n'eft point à de telles fenfations que
je dois les idées claires & diftinctes du
jufte, de l'honnête & du beau moral.
Indépendamment de toute fenfation
agréable ou défagréable, ne fuis-j pas
en état de juger de la vérité d'une
démonftration mathé natique ? La vive
lumiere qu'elle répand dans mon efprit,
lumiere impalpable, l'éclaire, le perfectionne, & lui fait éprouver ces tranf-
ports d une joie pure qui font auffi
éloignés des objets fenfibles que la
caufe effentiellement fpirituelle qui les
produit. Un long enchaînement d'idées
qui part d'une réflexion très-fimple en
foi, & qui n'eft nullement relative à
à aucune fenfation, ne forme-t-il pas

un tout purement intellectuel qui peut & nous pénétrer d'admiration & nous entraîner dans le ravissement ? Cette maniere d'être des ames qui font capables de méditer avec une forte application, est d'autant plus délicieuse & plus sublime, qu'elles font plus réellement détachées de tous les objets tangibles qui les environnent, & plus élevées au-dessus des vapeurs de la sphère terrestre.

C'est alors que ces hommes privilégiés, parce qu'ils font moins embarrassés dans leur effor par le tiraillement des fenfations physiques, approchent de plus près de la contemplation des essences primitives qui confistent dans une certaine harmonie de rapports, dont l'enfemble opère la possibilité de l'existence actuelle de tous les genres & de toutes les espèces. C'est de la forte que Socrate & Platon son illustre disciple ont peu à peu remonté à l'origine de plusieurs choses, & ont eu la gloire de nous en révéler quelques principes. Voilà pourquoi, dans presque toutes les écoles, on a constamment enseigné, & de concert avec l'expérience, que l'abondance des idées est d'ordinaire en raison inverse de la multiplicité des sensations, c'est-à-dire, que celui dont les sens phisiques sont le plus occupés n'est presque jamais celui dont les facultés intellectuelles sont le mieux exercées.

Le jugement n'est donc pas le résultat des impressions phyfiques que l'homme reçoit. Donc il n'est point feulement le récit de deux senfations. Donc juger n'est pas dire ce que l'on fent ou ce que l'on a fenti.

ARTICLE VI.

Du beau Moral.

« LEs contes philosophiques, plus
» graves, plus imposans, mais quelque-
» fois aussi frivoles & moins amusans
» que les contes des fées, ont à peu
» près conservé entr'eux la même res-
» semblance. Au nombre de ces contes,
» à la fois si ingénieux & si ennuyeux,
» je place le *beau moral*, la bonté na-
» turelle de l'homme ; enfin, les divers
» systémes du monde physique. Le *beau*
» *moral* ne se trouve que dans le pa-
» radis des fous ». (T. I. p. 173).

La Beauté, dans l'ordre moral, est
inséparable de la bonté. Ce principe
n'a jamais eu de contradicteurs. Ces
deux moralités sont essentiellement corrélatives. Ainsi, qui dit de l'une qu'elle
est belle, assure par la même raison

qu'elle eſt bonne. Nulle diſtinction n'eſt réelle entre ces deux manieres d'être. Donc celui qui nie l'exiſtence du beau moral, combat en même tems celle de la bonté morale. C'eſt toujours avec peine que l'on voit quelques Phi-loſophes pouſſer auſſi loin leurs af-freuſes conſéquences.

S'il n'y a point de bonté morale proprement dite, il n'y a point de loix divines, point de loix naturelles, point de loix ſociales. Toutes les ac-tions humaines ſont du même genre, de la même eſpèce, & ont le même caractère. Alors, la bienfaiſance & le brigandage, la libéralité & l'avarice, le courage & la lâcheté, la modeſtie & l'orgueil, la ſincérité & la perfidie, la piété & le ſacrilége ; enfin toutes les vertus & tous les vices viennent pareil-lement ſe confondre dans le déſordre du cahos, & ne ſont plus que des mots vuides de ſens, ou préſentent tout au plus des notions vagues de quelques convenances & disconvenances que le hazard à inventées & que l'occasion a fait adopter.

D'après un renversement si étran e de tous les principes, je le deman e à mon tour, est-ce le beau moral qui doit être relégué dans le paradis des fous, comme dit l'Auteur, ou n'est ce pas plutôt le prétendu Sage qui entreprend de faire de la terre le séjour de l'enfer, en y prêchant, d'un ton si hardi, la doctrine e la scélératesse, des forfaits & des atrocités?

ARTICLE VII.

L'Homme moral est-il un Etre entierement factice.

» **T**out, jufqu'à l'amour de foi,
» eft en nous une acquifition. On ap-
» prend à s'aimer, à être humain ou in-
» humain, vertueux ou vicieux. L'hom-
» me moral eft tout éducation & imi-
» tation ». (T. I. p. 326).

L'exagération eft la maniere familiere de l'Ecrivain. Si l'amour de foi
eft en nous une acquifition, comment
fuppofer qu'elle ait été faite par l'enfant dans l'âge le plus tendre ? Quel
motif le preffe de prendre, autant qu'il
eft en lui, le foin de fa propre con-
fervation ? Lorfqu'il demande le fein
de fa nourrice, & qu'il paroit lui té-
moigner fa fatisfaction de la revoir
après l'avoir perdue quelque tems, cet
amour de foi qui le détermine, & qu'il
manifefte par des geftes & par des cris,

est-il l'effet d'un sentiment qui ne fait point précisément à lui ?

Mais apprend t-on à s'aimer, dans ce sens qu'on pourroit se haïr, ou être indifférent pour soi, si l'on eût manqué de maître ou d'exemple pour nous instruire ? Est-il facile de se persuader qu'un homme qui auroit été élevé & qui auroit vécu seul dans un petit espace de ce globe, ne seroit point réellement son ami parce qu'il n'auroit reçu aucune leçon sur cet article ? Ici les principes de l'Auteur paroissent tomber en contradiction. Car si l'amour de soi n'est qu'une acquisition, il n'est donc point vrai, comme le soutient ailleurs M. Helvétius avec les nouveaux Moralistes, que la nature inspire nécessairement à tous les hommes de régler tous les mouvemens de leur ame d'après l'impulsion de leur intérêt personnel, c'est-à-dire, d'après le sentiment de l'amour exclusif d'eux mêmes.

Ce qu'il ajoute que » l'on apprend

» à être humain ou inhumain, ver-
» tueux ou vicieux » arrive quelquefois. Mais il y a sur ce point de grandes
exceptions à faire. Combien d'hommes
ont le bonheur de naître avec les qualités les plus louables ? S'il étoit certain que l'homme moral fut tout éducation & imitation, tous ses penchans
originels & toutes ses passions naturelles devroient donc céder & à la
force de l'éducation & à l'empire de
l'exemple, ce qui n'est pas. Combien
d'hommes vicieux que l'on a sans cesse
& dès leurs premières années exhorté
à la pratique de la vertu ? Combien
de gens, qui n'ont eu sous les yeux
que des modèles de probité, d'honneur
& de justice, dont la conduite est la
plus criminelle ? C'est donc une erreur
de prétendre que l'Homme Moral soit
tout éducation & imitation. Il est d'a-
bord ce que la nature l'a fait, & ensuite
ce que des circonstances & des causes
particulieres peuvent y ajouter.

Et d'ailleurs n'y a t - il pas dans l'homme des idées primitives & abfolues de la vertu & du vice ? Le fentiment de la vertu n'a- t-il pas pour tous les cœurs une excellence qui lui eft propre, & le fentiment du vice n'eft-il pas, au contraire, accompagné d'une imperfection qui tend naturellement à nous en éloigner ? Si les fauffes Théologies de la plupart des Nations, fi les préjugés bizarres des Peuples, fi les doctrines fingulières de leurs Philofophes ont pû empêcher quelquefois les hommes de difcerner en certain cas ce qui eft jufte de ce qui eft injufte, rien n'a pu les empêcher de reconnoître que ce qui eft jufte foit plus eftimable que ce qui eft injufte.

Si la vertu, par rapport à l'homme, n'avoit point une excellence qui lui fut propre ; fi le refpect que nous avons pour elle venoit feulement ou de l'autorité du Légiflateur qui la preferit, ou des leçons de l'éducation ou de notre penchant à l'imitation, les Peuples que l'exemple des Dieux inférieurs ou des Héros sembloit autoriser à se livrer sans remords à beaucoup de vices, n'auroient-ils pas pu justifier leurs excès par la conduite des objets de leur culte? Grace à l'empire suprême de la vertu, il est arrivé très rarement que les hommes aient atteint ce dernier degré de corruption.

Une autre preuve que les sentimens de la vertu germent dans l'ame de l'homme avant qu'il ait reçu aucune instruction, & que par conséquent il n'est point à cet égard un etre moral tout à-fait factice, c'est que s'il étoit vrai de dire qu'il ne s'en forme des notions & qu'il n'en éprouve le sentiment que parce qu'il a plû à Dieu de nous le prescire, ou qu'il est de l'intérêt des Sociétés de nous en imposer la loi, on pourroit supposer que Dieu auroit pu nous donner des préceptes moraux directement opposés à ceux

que nous devons fuivre. Or, qui oſe-
roit admettre cette monſtrueuſe hy-
pothéſe ? Qui pourroit concevoir que
Dieu eût pu nous ordonner & que
nous nous fuſſions foumis avec la même
facilité aux commandemens d'être ingrats envers nos bienfaiteurs, de refufer à chacun ce qui lui eſt dû, d'être
perfides à nos engagemens, &c. Cette
répugnance invincible qu'auroient tous
les hommes à croire la vérité de telles
propoſitions, qui leur paroîtroient auſſi
impies qu'extravagantes, n'annonce-t-
elle pas d'une manière bien lumineuſe
que l'homme, par ſa nature, n'eſt point
un être indifférent à la vertu & au
vice, qu'il en a des idées juſtes indépendamment de toute loi, de toute
éducation, de tout exemp'e, & qu'à
cet égard il n'eſt point un être moral
purement factice.

ARTICLE VIII.

De la bonté naturelle de l'homme.

» DE ce que l'homme eſt ſociable,
» on en a conclu qu'il étoit bon. On s'eſt
» trompé. Les loups font ſociété &
» ne ſont pas bons. J'ajouterai même
» que ſi l'homme, comme le dit M.
» de Fontenelle, a fait Dieu à ſon
» image, le portrait effrayant qu'il fait
» de la Divinité doit rendre la bonté de
» l'homme très-ſuſpecte». (T. I. p. 112).

Par la raiſon que le ſcélérat doute
de la probité de tout le monde, que
l'avare n'a nulle confiance dans la fidélité d'autrui, que le débauché ne croit
à l'honnêteté de perſonne, l'Ecrivain,
en multipliant ſes efforts pour prouver que les hommes ne ſont point naturellement bons, ne donne-t-il pas
lieu, s'il raiſonnoit plus conſéquem-

ment, à des foupçons défavorables fur la bonté de fon propre cœur? Peut-on s'annoncer comme le précepteur du genre humain, & le calomnier d'une manière fi outrageante?

Non, les hommes ne font point, par leur nature, des êtres malfaifans. Leur fociabilité, quoi qu'en dife M. Helvétius, le démontre d'une façon invincible.

L'homme apporte en naiffant l'amour de l'ordre. Tout ce qui bleffe cet ordre lui déplait. La vérité a pour lui des charmes. Le menfonge l'irrite. Il honore la juftice. S'il agit bien, il veut une récompenfe. S'il péche, il craint le châtiment parce qu'il fait le mériter. Ces différentes affections de fon ame il ne les doit pas feulement à fon éducation. Ce font des principes qui germent & fe développent d'eux-mêmes. Les exemples les fortifient ou les altèrent, mais ne les déracinent point. Combien d'enfans, nous le répétons, qui ont été élevés dans le sein de la malice, dont les inclinations originelles n'ont point été perverties ? Ici l'expérience triomphe du sophisme.

Eh, comment concevoir la sociabilité de l'homme possible, si cette excellente quali é n'étoit établie sur des vertus primitives ? Les loups, dit-on, font société, & ne sont pas bons. Mais peut on raisonnablement donner le beau nom de société à un attroupement fortuit d'animaux qui se séparent avec la meme facilité qu'ils se sont rassemblés ? Est-ce donc la réunion de plusieurs individus faite sans choix & qui coit étre sans suite, que l'on peut regarder comme une véritable société ? C'est pour l'établir cette société & la perpétuer, qu'il est nécesaire d'étre sociable. Or, combien de vertus, nous le dirons ailleurs, ne suppose pas cette qualité essentielle ? Sans avoir égard à aucun de ces systemes plus ou moins singulièrs sur l'état primitif du genre humain, contentons-nous de confulter ce qui fe paffe fous nos yeux.

Pourquoi tel homme eft-il fociable, tandis qu'un autre homme paroît infociable? Il eft facile d'appercevoir d'où vient cette différence. Celui-là eft plus capable de fenfibilité, d'humanité, de docilité, & dès lors plus difpofé à écouter la voix de la raifon, à juger fainement, & plus enclin à plaire & à fervir les autres. Celui-ci ayant le cœur moins tendre ou l'efprit plus ténébreux a moins de connoiffances vraies, moins de paffions nobles & moins de talens agréables ou utiles. L'un cherche à lier fon bonheur au bonheur de fes femblables. Il doit, par conféquent, les rechercher & les aimer. L'autre qui ifole fon exiftence & ne voit que lui dans l'univers, n'eft affecté que de ce qui le touche & peut l'intéreffer. Il croit n'être jamais moins malheureux que lorfqu'il eft feul, parce que le bonheur d'autrui lui eft indifférent, fi même

il ne le regarde pas comme un obſta-
cle au ſien propre. Ainſi vivent ordinairement les loups entr'eux. Que leur
compagnon de chaſſe ſoit épuiſé de
fatigue & crève de faim, peu leur importe. Comme ils ne ſavent pas me-
ſurer l'étendue de leurs beſoins, ils
ne cèdent qu'en grondant ou en mor-
dant une petite partie de leur proie,
quand même elle eſt beaucoup plus que
ſuffiſante pour les raſſaſier. Les hommes ſauvages les plus féroces, au contraire, s'ils ſe donnent preſque toujours
la préférence à eux-mêmes ſur les autres, on les voit qui ne refuſent pas
au moins la nourriture à leurs cama-
rades quand ils l'ont en abondance. Ils
prêtent volontiers du ſecours à leurs
ſemblables, parce qu'ils ont l'intention
de leur en demander à leur tour & d'en
recevoir au beſoin. Ce commerce mu-
tuel de bons offices ſur quoi eſt-il
fondé ? N'eſt-ce pas ſur le ſentiment
d'une confiance réciproque ? Or, cette

confiance qui la fait naître ? Ce ne peut être que la connoiſſance intime qu'ils ont de leur bonté & de leur juſtice naturelle. C'eſt donc de la bonté & de la juſtice originelle de l'homme que dérive ſa ſociabilité. C'eſt donc ce principe qui ſert néceſſairement de baſe au ſyſtême primitif de toutes les ſociétés. De ce que l'homme eſt ſociable, on peut donc en conclure qu'il eſt bon.

Il ne ſuffiſoit pas à l'Auteur d'avoir avancé un paradoxe plein d'injuſtice contre la nature humaine, il falloit ſans doute que, pour le faire mieux accueillir, il l'accompagnât d'un ſarcaſme impie contre la nature Divine. » Si l'homme, comme le dit M. de » Fontenelle, a fait Dieu à ſon image, » le portrait effrayant qu'il a fait de » la Divinité, doit rendre la bonté » de l'homme très-ſuſpecte. »

Il n'eſt point ici queſtion de défendre la manière dont quelques peuples ont tracé le tableau de la Divinité. M. Helvétius parle à des Chrétiens, & c'eſt à eux qu'il adreſſe le reproche indirect d'avoir fait de Dieu un portrait effrayant.

Que l'idée de la Divinité, telle qu'elle s'eſt revelée elle - même dans les livres ſaints, inſpire aux détracteurs de la vérité & aux corrupteurs de la ſaine morale un ſentiment de terreur, cela doit être parce que ſi Dieu eſt ſouverainement bon, il eſt néceſſaire qu'il ſoit ſouverainement juſte. En conſequence, s'il s'eſt engagé par promeſſe d'accorder un prix immortel aux hommes qui auront vécu pour ſa gloire, pour leur propre bonheur & celui de leurs ſemblables, il a dû annoncer un châtiment & des ſupplices proportionnés à ceux qui, livrés à la perverſité de leur propre ſens, auront négligé ſon culte, mépriſé l'avantage de leurs freres & fait trophée de leurs erreurs ou de leurs fautes. Aux yeux de la Justice suprème un fils qui prend sur la subsistance de quoi alimenter & prolonger la vieillesse de son pere, doit-il être traité comme ce fils atroce qui auroit osé précipiter la chûte de ses jours par le glaive ou par le poison ? Si cependant les récompenses & les peines sont nulles après cette vie, ces deux manieres si opposées de se conduire, obtiennent précisément la même fin. Si la vive tendresse de l'un & la noire cruauté de l'autre sont essentiellement deux moralités contraires, il s'en suit que la Justice divine étant exercée, il n'est pas possible que ses effets soient les mêmes. De-là l'épouvante qui s'empare du criminel. De-là la maniere effrayante avec laquelle s'offre aux regards de certaines ames malhonnêtes l'image pure & sublime de la Divinité. Mais Dieu, pour être juste, est-il essen-

tiellement moins bon ; & la bonté naturelle de l'homme , parce qu'il reconnoît
en Dieu & une juſtice & une bienfaiſance
infinie , peut-elle donc en paroître plus
ſuſpecte ?

ARTICLE IX.

Des conséquences dangereuses de la Doctrine qui nie la bonté originelle de l'homme.

» Plut au Ciel que la bonté fut le
» partage de l'homme! c'eſt à regret que
» ſur ce point je ſuis encore d'un avis
» contraire à M. Rouſſeau. Quel plai-
» ſir pour moi de trouver tous les
» hommes bons! Mais en les perſua-
» dant qu'ils ſont tels, je ralentirois
» leur ardeur pour le devenir. Je les
» dirois bons & les rendrois méchans ».
(T. II. p. 8).

Il ſemble qu'il devroit arriver tout le contraire de ce que l'Auteur affecte de craindre, & qu'en perſuadant aux hommes qu'ils ſont tous méchans, c'eſt fortifier l'inclination & encourager la volonté de ceux qui n'éprouvent déjà qu'une trop foible répugnance à le devenir.

Si la honte, qui fuit infailliblement le crime, eft une raifon puiffante de ne pas s'y livrer, eft-il fage, eft-il honnête d'en effacer dans l'homme jufqu'à la derniere trace ? N'eft-ce pas travailler à le corrompre, que de vouloir le mettre dans le cas de ne plus rougir de la malice de fon cœur, en lui faifant accroire que tous fes femblables penfent, defirent, & font difpofés à agir comme lui ? Quel artifice plus fûr & plus prompt pour féduire, quoique d'une façon indirecte, toutes les ames qui chancelent dans les fentiers de la vertu, & de leur faire perdre de vue les idées effentielles du devoir ? Quel moyen plus perfide d'exciter les hommes au défordre, que de leur infinuer que c'eft leur nature même qui comporte cette maniere d'être ? C'eft donc humilier, dégrader, & avilir l'homme à fes propres yeux ; c'eft, par

conféquent

confequent, le rendre incapable d'aucun louable effort : c'eft extirper en lui
le germe de toute pudeur, émouffer
l'aiguillon de toute efpèce de remords
& brifer à la fois tous les liens qui
peuvent l'attacher ou le ramener à la
vérité & à la juftice.

Non-feulement M. Helvétius eft fur
ce point fondamental d'un avis contraire à M. Rouffeau, mais il combat
en même tems les fages leçons des
Philofophes de prefque toutes les fectes.
Certainement le témoignage de M. de
Voltaire ne fauroit être fufpect de pré-
vention. Voici comme il s'explique : »La
» prodigieufe multitude de maifons de
» charité prouve évidemment une vé-
» rité à laquelle on ne fait pas affez
» d'attention, c'eft que l'homme n'eft
» pas fi méchant qu'on le dit, & que
» malgré toutes fes opinions, malgré
» les horreurs de la guerre qui le
» changent en bête féroce, on peut
» croire que cet animal eft bon, &

D

» qu'il n'eſt méchant que quand il eſt
» effarouché ainſi que les autres ani-
» maux ».

Que cette fauſſe doctrine, ſavoir que la bonté n'eſt point le partage de l'homme, vienne à s'accréditer, quelles conſéquences funeſtes ne doit-elle pas produire dans le corps des ſociétés? Dès que l'on enſeigne aux hommes à ne pas s'eſtimer mutuellement, ne les voilà-t-il pas qui ſe trouvent dans la miſérable néceſſité de perdre toute confiance les uns aux autres. Alors naiſſent les ſoup-çons de toute eſpèce & les craintes involontaires. Les ſemences de toutes les diviſions ſe développent, & un trouble général ſe fait ſentir. C'eſt ainſi, que l'humanité, parce qu'elle aura été calomniée, tombera précipitam-ment dans l'abîme du malheur le plus extrême.

Qu'il eſt donc étrange le nouveau témoignage que M. Helvétius donne de ſon tendre amour aux hommes qu'il prétend inftruire ? S'il parle de leur bonté , c'eft pour l'attaquer avec les armes du méchant : s'il traite de leur perverfité, il s'étudie à envelopper avec des phrafes touchantes , les leçons les plus propres à l'enhardir & à la propager davantage.

Ce reproche que nous faifons à **M.** Helvétius & à fes partifans, Bayle l'adreffoit à quelques Philofophes fes contemporains. » Il y a bien des gens ; » dit-il, qui croient que pour donner » une jufte idée de l'homme, il faut » le repréfenter toujours, ou foible , » ou méchant, & fuppofer que fes » plus grandes vertus ne font que le » triomphe d'une paffion moins crimi- » nelle. Selon ce principe on feroit tou- » jours bien fondé à nier qu'il fe faffe » quelque chofe par un bon motif, & » à prétendre que ceux qu'on appelle » grands hommes & belles ames , ne »différent des autres que par l'adreffe de

» bien cacher leur défauts , ou par le
» choix de certains défauts.

«Cette maxime ne s'accorde pas avec
»l'esprit de la charité chrétienne,& n'est
»propre qu'à fomenter la médisance &
»la corruption de la nature , & qu'à
»fournir une injuste consolation aux mé-
»chans , parce que sur ce pied-là , les
»plus belles actions du monde seront
»mal interprétées. L'on imaginera qu'il
»est inutile de travailler à l'acquisition
»de la vertu , & l'on n'aura point de
»honte d'un désordre que l'on croira
»général. « *Répub. des lettres*. Novem.
Art. 1. 1685.

ARTICLE X.

De la Morale.

» QU'EST-ce que la Morale ? *La*
» *fience des moyens inventés par les*
» *hommes pour vivre entr'eux de la*
» *maniere la plus heureufe poffible...*
» Les hommes ont fait des conven-
» tions. La morale n'eft que le recueil
» de ces conventions ». (T. II.p. 10).

Cette définition de la morale eft
auffi peu exacte qu'elle eft extraordinaire. Car fi la morale n'eft que la
collection des moyens inventés par les
hommes pour vivre entr'eux de la
maniere la plus heureufe poffible , cette
fience n'a pour bafe que des convenances ou de fimples probabilités , &
ne peut reconnoître aucuns principes
effentiels & abfolus. Il eft manifefte
que des moyens , qui ne font dûs feulement qu'à l'efprit d'invention , peu-

vent être ou ne pas être tels , exifter ou ne pas exifter. N’eft-il pas encore évident que tous les hommes ayant originairement les mêmes droits , chacun d’eux a réellement le même pouvoir d’inventer de nouveaux moyens d’un prétendu bonheur , de les faire valoir ; & , par conféquent , de créer, felon les tems & les conjonctures , une morale différente & même contraire à celle qui a maintenant cours ?

Eh , quelles font les régles auxquelles *les hommes* ont dû s’aftreindre dans l’ordre des conventions qu’ils ont jugé à propos d’établir ? On ne peut fuppofer qu’elles aient été néceffairement dictées par la fageffe fouveraine , puifque , dans l’hypothèfe de l’Auteur , elles ne nous font préfentées que comme un fimple produit de l’invention. Ce font des combinaifons plus ou moins habiles & des confidérations particulières de quelques hommes qui ont préparé & fixé la valeur de tous les articles de ces conventions. Donc la morale ne fauroit plus être envifagée que comme un recueil de certaines combinaifons accidentelles & de plufieurs confidérations qui peuvent & doivent varier felon que leurs objets font plus ou moins expofés à des changemens. Or, comme dans les différens pays, dans les divers fyftêmes d'adminiftration, dans les différentes claffes des citoyens d'un même état, les mœurs ont toujours une tendance prefque naturelle à s'éloigner du point de l'uniformité, il s'enfuivroit que la morale n'eft pas & ne peut être la même en tous les lieux, ni pour tous les individus, &, en conféquence, que la loi des premiers devoirs eft arbitraire & fans confiftance.

Voilà comme la nouvelle Philofophie entreprend de dégrader & d'anéantir la fcience la plus néceffaire à la félicité particulière de l'homme & au bonheur général de tous les corps politiques. Si-tôt qu'on réduit à de simples modes, à de pures conventions les principes éternels & immuables de la raison, il n'y a plus entre la vertu & le vice aucune différence réelle & absolue. Alors le juste & l'injuste ne feront plus par eux-mêmes que des mots *insignifians*. Alors toutes les moralités qui caractérisent essentiellement les pensées, les desirs, & les actions humaines, seroient parfaitement indifférentes; & pour juger du mérite ou du démérite des hommes, il ne faudroit plus consulter que les rapports passagers du moment, du lieu, & des conjonctures.

A-t-on quelquefois publié une doctrine plus révoltante, plus ennemie de tout ordre, plus contraire aux puissances, & plus funeste aux Nations? Si le Philosophe n'est pas coupable par le cœur, ce qu'il est doux de croire, à quels égaremens criminels l'esprit, lorsqu'il s'échauffe & fermente à un cer-

tain degré, ne peut-il donc pas l'entraîner ? Et puis qu'on ofe nous dire froidement que l'homme fe fuffit à lui même,
& que les lumieres pures de la Religion
n'ajoutent rien à fes propres lumieres.

ARTICLE XI.

De la Vertu.

» Sı cet Ecrivain (*a*) eut plus long-
» tems médité le mot *Vertu*, il eût
» fenti qu'elle confifte dans la con-
» noiffance de ce que les hommes fe
» doivent les uns aux autres, & qu'elle
» fuppofe par conféquent la formation
» des fociétés. Avant cette formation,
» quel bien ou quel mal faire à une
» fociété non encore exiftante ? L'hom-
» me des foréts, l'homme nu & fans

(*a*) Qui a compofé l'article VER TU dans
l'*Encyclopédie.*

» langage peut bien acquérir une idée
» claire & nette de la force ou de la
» foibleſſe, mais non de la juſtice &
» de l'équité ». (T. I. p. 198).

Non, la vertu n'eſt point bornée à la connoiſſance de ce que les hommes ſe doivent les uns autres, & c'eſt une erreur de dire qu'elle ſuppoſe, pour exiſter dans le monde, la formation actuelle des ſociétés.

L'homme a des devoirs de différente eſpèce à remplir. Les uns ſont, à la vérité, relatifs à ſes ſemblables. Les autres le concernent perſonnellement.

Ces derniers devoirs ſont fondés ſur un principe naturel d'ordre, qui précède l'établiſſement des ſociétés, & dont il eſt tout-à-fait indépendant.

Au nombre de ces devoirs particuliers de l'homme conſidéré dans ſa vie ſolitaire, il faut placer, entr'autres, celui de la reconnoiſſance envers ſon Créateur & celui de la juſtice à l'égard de lui-même.

Du devoir de la reconnoiſſance naît un ſentiment d'amour dont chaque individu, ſoit l'homme des forêts, ſoit l'homme nu & ſans langage, eſt tenu de faire hommage à l'Auteur de ſon être.

Du devoir de la juſtice dérive l'obligation qui eſt impoſée à l'homme d'apporter un ſoin continuel à la conſervation de ſa propre vie, comme d'un dépôt qui lui a été confié & duquel il n'a pas le pouvoir légitime de diſpoſer.

Or, la fidélité à remplir ces deux premiers devoirs, qui ſont la ſource de pluſieurs autres, n'eſt-elle pas une véritable vertu ?

Donc il réſulte que toutes les vertus ne doivent pas leur développement & encore moins leur exiſtence à la formation actuelle des ſociétés. Ainſi, l'homme doit reconnoître qu'il y a réellement des vertus particulieres à exer-

cer, avant qu'il y ait des vertus fociales à pratiquer. Reste à conclure que
l'homme iſolé peut & doit ſe former
une idée claire & diſtincte de la juſtice
& de l'équité.

ARTICLE XII.

De la Vertu considérée dans son principe
& par rapport aux actions humaines.

» Si la Vertu étoit en nous l'effet ou
» d'une organisation particulière, ou
» d'une grace de la Divinité, il n'y
» auroit d'honnêtes que les hommes
» organisés par la nature ou prédesti-
» nés par le Ciel pour être vertueux.
» Les Loix bonnes ou mauvaises, la
» forme plus ou moins parfaite des
» gouvernemens n'auroient que peu
» d'influence sur les vertus des peuples.
» Les Souverains seroient dans l'im-
» puissance de former de bons citoyens
» & l'emploi sublime de Légiflateur
» seroit, pour ainsi dire, sans fonc-
» tions. » (T. I. p. 268.)

Ici, l'Auteur manque à la fois de
fidélité dans les Recherches sur la Phi-

losophie & d'exactitude dans ses connoissances Théologiques.

Comme Philosophe, il auroit dû
savoir que, dans aucune école, tant
ancienne que moderne, on n'a proprement enseigné que la vertu soit en
nous l'effet d'une organisation particulière. Si quelques Sophistes, en très-
petit nombre, ont refusé de reconnoître dans l'homme d'autre principe
d'action que le mouvement machinal,
il est certain qu'ils ont nié en même
tems & l'existence & la possibilité de
la vertu morale. D'après leur manière
d'envisager l'homme & ses facultés, ils
ne pouvoient le juger & ne le ju-
geoient pas effectivement digne de
louange ou de blâme, parce qu'ils l'es-
timoient trop peu pour le croire susceptible d'aucune qualité qui méritât
réellement l'un ou l'autre. Cette opinion atteint le dernier terme de la
démence.

Mais qu'est-ce que la Vertu en adoptant même la définition très - incomplette qu'en donne M. Helvétius ? Il dit que c'est *la connoissance de ce que les hommes se doivent réciproquement.* Cette connoissance peut être entiérement stérile , & alors elle ne sera point vertu.

Eh, comment supposer que cette connoissance puisse jamais avoir pour cause efficiente le méchanisme des organes ? La raison, cette flamme divine qui éclaire nos ames & sans laquelle toute vertu est impossible, ne seroit-elle que le produit ou le résultat de la chair & du sang ? Les plus ardens défenseurs du Spinosisme n'ont eû garde de l'affirmer d'une manière positive. M. Helvétius va donc plus loin dans son hypothèse que ceux-ci n'ont osé conduire leur système ? Personne n'ignore qu'au milieu des ténèbres épaisses de leur aveuglement, ils ont toujours au moins distingué de la masse commune un certain esprit univerfel qui, à la vérité, leur étoit inconnu, mais qui, felon eux, devoit animer, vivifier & peut-être régir toutes les parties de la nature ; lequel efprit univerfel ils confondoient avec les effences de toutes chofes & dans l'exiftence actuelle de tous les étres.

Il eft donc manifefte que Spinofa & fes fectateurs n'ont point enfeigné précifément que la vertu ne fut en nous que l'effet d'une organifation particulière. C'eft donc contre la vérité que l'écrivain affecte de partager feulement en deux claffes les hommes qui ont parlé de la vertu, favoir la claffe des Philofophes qui attribuent toute vertu à la difpofition des organes & la claffe des Théologiens où l'on fait dériver la vertu d'une grace fpéciale du Ciel à caufe de la prédeftination, ce qui demande un éclairciffement.

Oui, la vertu eft en nous l'effet d'une grace de la Divinité. Tout Chrétien profeffe ce dogme falutaire avec autant de joie que de reconnoiſſance. Mais en conclure, comme fait l'auteur, que s'il en eſt de la ſorte, il ne peut y avoir d'honnêtes que les hommes qui ſont prédeſtinés par le Ciel à être ver-tueux, c'eſt dire que, puiſqu'il y a des ames malhonnêtes, la grace n'eſt pas donnée à tous, & accuſer en même tems la grace d'agir ſur les cœurs avec un effort irréſiſtible & d'impoſer par-là aux volontés une néceſſité ab-ſolue. Cette erreur qui a été ſi ſou-vent renouvellée & toujours ſolemnel-lement anathématiſée, devoit-elle être adoptée par l'écrivain de préférence à la doctrine de tous les Ortodoxes?

Que nous enſeigne la Théologie ſur ce point délicat & important? Elle nous dit que, ſans la grace de Dieu, l'homme ne fera point le bien & qu'a-vec ce ſecours ſurnaturel, il peut opé-rer tout le bien. Si, d'une part, la bonté infinie de Dieu eſt un ſûr ga-rant à l'homme que ces graces lui ſont

accordées, fa juſtice ſuprême, d'un
autre côté, ne lui permet pas de douter davantage que fa liberté demeure
entière malgré l'impulſion de la grace.
La raiſon & la foi concourent à
fixer notre croyance ſur cet article.
Qui d'entre nous, lorſqu'il eſt hum-
blement proſterné aux pieds des Autels & à l'inſtant même où ſe développe le ſentiment de notre converſion ou de notre perfection, n'a
pas la conſcience intime de ſa propre
liberté & du pouvoir effectif qu'il conſerve de changer ſes déterminations.
C'eſt ici véritablement le cas de répéter, à l'occaſion des preuves au ſou-
tien de ce point de Théologie, ce
que dit dans un autre endroit & moins
à propos M. Helvétius, ſavoir qu'en
Morale, comme en Phyſique, les
Théories doivent être ſoumiſes à l'expérience, puiſqu'elle ſeule en conſtate
la vérité ou la fauſſeté. Or, puiſque,
ſous l'empire de la grace, l'expérience

conftate journellement que l'homme refte libre, il faut en conclure que ni la grace, ni les décrets de la prédeftination ne néceffitent les volontés humaines à la pratique des vertus. Hélas n'arrive-t-il pas trop fréquemment que des perfonnes très-vertueufes, mais quelquefois mal précautionnées, perdent des dégrés de leur juftice ? Donc à l'égard de ces perfonnes, l'emploi fublime de Légiflateur n'eft point fans fonctions. D'ailleurs, le premier devoir de l'homme focial, devoir confacré par la religion, ne confifte-t-il pas à aimer fa Patrie & par conféquent à faire preuve de la plus exacte fidélité à l'obfervance de fes loix ? Donc, fous le règne du chriftianifme, les Loix bonnes ou mauvaifes, la forme plus ou moins parfaite des gouvernemens ont une influence directe & certaine fur l'exercice des vertus.

Suppofe-t-on, par exemple, que ces loix civiles ou ces formes politi-

ques contrarient les principes d'équité
qui doivent être chers aux Chrétiens ;
alors les difficultés de faire le bien
moral se multiplient, & il est probable
que les prévarications deviendront
plus fréquentes. Si, au contraire, les
loix & les formes nationales conduisent
à la pureté des mœurs & inspirent le
zèle de la justice, c'est pour lors que
les peuples, également pressés & solli-
cités au maintien de l'ordre par les
commandemens religieux & par les
réglemens de la Police, ont un motif
de plus de rechercher la Vertu & plus
de facilité à saisir tous les moyens possibles de s'y attacher & de la pratiquer.

Ainsi les Souverains des Nations,
dont la théologie enseigne que la grace
est nécessaire à l'homme pour qu'il puisse
opérer le bien, ne sont point dans
l'impuissance de former de bons citoyens, & l'emploi sublime de Législateur n'y est point, en quelque manière, sans fonctions.

ARTICLE XIII.

De l'amour naturel de l'homme pour la vérité.

» L'homme, je le sais, n'aime point » la vérité pour la vérité. Il rapporte » tout à son bonheur. » (T. II. page 39.)

Donc toute vérité qui n'intéresse point le bonheur de l'homme n'a aucun droit de lui plaire. Ce paradoxe est étrange. Pourquoi le mensonge est-il par-tout & toujours haïssable ? N'est-ce pas parce qu'il couvre de son masque hideux le visage auguste de la vérité qui est par-tout & toujours aimable ? D'où vient que tous les hommes souhaitent de trouver la vérité dans les récits de l'historien ? Est-ce ordinairement de leur bonheur perfonnel dont il s'agit? Eh, qu'importe à la félicité des hommes de ce fiécle, par exemple, que ce foit Thémifto-cles ou un autre général qui, par tels ou tels moyens, ait, au profit & à la gloire des Grecs, remporté une vic-toire éclatante ou fait la conquête d'un certain pays? C'eft donc uniquement l'amour naturel de la vérité qui anime le defir de tous les lecteurs.

Soutenir que l'homme n'aime point la vérité pour la vérité même, c'eft nier, contre le témoignage du fens intime, que l'Auteur de la nature lui ait donné un penchant décidé pour l'ordre. N'eft-il pas généralement re-connu que, dans le fyftême moral comme dans le phyfique, tous les êtres exci-tés par l'impulfion d'une loi commune, y dirigent tous leurs mouvemens? Que l'on retranche les obftacles qui furvien-nent quelquefois, & toutes chofes fe-ront infailliblement conduites à cette heureureufe fin. Il en eft de l'efprit d'ordre à peu près comme de la fympathie. L'un & l'autre agiffent en nous & avec nous fans requérir notre délibération comme fans néceffiter notre volonté. Ce font dans le cœur de l'homme deux principes d'amour qui éclofent d'eux-mêmes & dont les vertus actives fe fortifient plus ou moins fuivant que fes paffions ou fon intérêt bien ou mal entendu, peuvent en faciliter ou en retarder le développement.

Auffi c'eft une maxime générale, que, parmi les erreurs qui féduifent les hommes, il n'y en a peut-être aucune qui n'ait fa premiere racine dans la vérité, comme, parmi les folies qui les agitent, il y en a très-peu qui n'aient quelque rapport avec la fageffe. Et ce qu'il y a de remarquable, c'eft que les vérités les plus fublimes font celles qui ont fouvent donné lieu aux erreurs les plus abfurdes, & que les plus grands efforts de la fageſſe ont occaſionné les plus ſingulières extravagances. La raiſon de ceci eſt que les extrémités ſe touchent. C'eſt dans des cas ſemblables que la bonne volonté de l'homme qui manque d'attention ou de lumières, ne ſuffit pas toujours pour le guider ſûrement & l'empêcher de prendre le change.

Ainſi l'amour de l'ordre ou, ce qui eſt une même choſe, l'amour de la vérité eſt une paſſion naturelle à l'homme, quoi qu'il arrive trop ſouvent que des paſſions étrangères viennent l'affoiblir, le corrompre & preſque l'anéantir.

Ce n'eſt donc pas parce que l'homme rapporte tout à ſon bonheur qu'il eſt capable d'aimer la vérité, mais plutôt parce que la vérité rapporte l'homme tout entier à ſon bonheur qu'il ne peut jamais ſe défendre réellement de l'aimer. Donc ce n'eſt point, comme veut

veut le perfuader M. Helvétius, l'intérêt du moment qui donne naiffance
à cet amour.

» La raifon, dit Bayle, a dicté aux
» anciens fages qu'il falloit faire le bien
» pour l'amour du bien même & que
» la vertu (ou la vérité) fe devoit tenir
» à elle même lieu de récompenfe, &
» qu'il n'appartenoit qu'à un méchant
» homme de s'abftenir du mal par la
» crainte du châtiment. »

» Nos Hiftoriens, ajoute le même
Ecrivain, nous racontent qu'un Ambaf-
fadeur de Saint-Louis vers le Soudan
de Damas, ayant demandé à une femme qu'il trouva dans les rues, ce qu'elle
prétendoit faire avec le feu qu'elle
portoit d'une main, & avec l'eau qu'elle
portoit de l'autre, apprit de cette
femme qu'elle deftinoit le feu à brûler
le Paradis & l'eau à éteindre les flammes de l'Enfer, afin que les hommes
ne fervillent plus la Divinité (qui eft

E

l'auteur & la source de toute vérité)
par des vues mercenaires, mais uniquement à caufe de l'excellence de fa nature. » Qui de cette femme ou de M.
Helvétius avoit des notions plus juftes
fur les effences de Dieu, de l'homme,
de la vertu & de la vérité?

ARTICLE XIV.

De l'amour naturel de l'homme pour la justice.

« Que nous apprend l'expérience ;
» à laquelle en morale comme en phy-
» sique, il faut soumettre les théories
» les plus ingénieuses & qui seule en
» constate la vérité ou la fausseté ?
» C'est que l'homme a des idées de la
» force avant d'en avoir de la justice ;
» c'est qu'en général, il est sans amour
» pour elle ; c'est que même dans les
» pays policés où l'on parle toujours
» d'équité, personne ne la consulte
» qu'il n'y soit forcé par la crainte d'un
» pouvoir égal ou supérieur au sien. »
(T. 1 p. 250.)

Quoi, l'homme ne seroit jamais équitable que lorsqu'il ne pourroit être injuste avec impunité ? Quel affreux

coup de crayon M. Helvétius ofe
tracer fur le tableau de la nature humaine! Que deviennent les vertus les
plus effentielles au maintien de toutes
les fociétés, fi la feule crainte en eft
le principe productif? S'il eft vrai que
l'homme s'abftienne auffi-tôt de confulter la juftice dès qu'un pouvoir égal
ou fupérieur au fien ne le force pas
d'être équitable, la raifon de l'homme
puiffant n'eft donc que la volonté ab-
folue d'un oppreffeur? Alors on ne
fauroit envifager l'homme revêtu d'une
autorité éminente, que comme une
bête féroce qui eft toujours difpofée
à porter dans tous les lieux le défordre, le carnage & la mort. Princes de
la terre, fi l'on en croit le nouveau
Philofophe, vous en êtes néceffairement les plus terribles fléaux. Chaque
dégré de votre pouvoir doit coûter
un malheur de plus à fes foibles &
miférables habitans. Ainfi toute puif-
ance doit être haïe, déteftée & en

exécration puifqu'elle eft la mefure certaine, la caufe efficiente & un moyen infaillible de toute forte d'iniquité.

Donc fi, par impoffible, M. Helvétius enfeignoit la vérité dans cette occafion, tous les Hiftoriens qui ont donné des éloges à la conduite de plufieurs Princes qui ont répandu l'efprit de fageffe & le bonheur dans leurs Etats, ou fe font trompés groffière-ment ou ont voulu en impofer d'une maniere bien criminelle. Nous mêmes, peuple François, qui ferons paffer à la poftérité le témoignage de notre admiration pour les qualités excellentes de notre jeune Monarque & de notre reconnoiffance pour les travaux fruc-tueux de fes dignes Miniftres; nous qui voyons avec une joie fi vive tous les préparatifs de notre prochaine félicité, pourrions-nous nous laiffer aveugler par de fauffes illufions? Il ne pourroit donc plus y avoir de vraies

Vertus fur la terre. La juftice ne feroit qu'un mot vuide de fens , la bienfaifance qu'une habitude involontaire
de fenfibilité , la compaffion qu'une
foibleffe accidentelle, l'honneur qu'un
mouvement paffager d'orgueil, l'amitié qu'un befoin , &c. &c.

Quelles leçons à oppofer à celles
d'une religion dont tous les préceptes
font en faveur des Vertus fociales
les plus douces & les plus utiles? Cette
Doctrine atroce n'eft que le développement des principes conftitutifs du
fyftéme trop fameux aujourd'hui de
l'Egoïfme. Sitôt que l'intérét perfonnel eft prêché , & qu'on le regarde
comme le premier & le feul véritable
intérét n'eft-il pas comme néceffaire de
le préférer à tout & de tout lui facri-
fier? Je tremblerois d'étendre mes ré-
flexions à ce fujet & les conféquences
dangereufes qui doivent en dériver.
Il eft plus fage, ce femble, de s'en
rapporter ici à l'expérience à laquelle ,

de l'aveu de l'Ecrivain, en Morale comme en Phyfique, il faut foumettre toutes les théories & qui feule en conftate la vérité.

ARTICLE XV.

Du Principe de la vertu de l'humanité.

» L'Amour du jeu a pour principe » ou la crainte de l'ennui, par confé- » quent de la douleur, ou l'efpoir du » plaifir phyfique. En eft - il ainfi du » plaifir intérieur éprouvé lorfqu'on fe- » coure un malheureux, lorfqu'on fait » un acte de libéralité? Ce plaifir, fans » doute, eft très-vif Toute action de » cette efpèce doit être louée de tous, » parce qu'elle eft utile à tous. Mais » qu'eft-ce qu'un homme humain? Ce- » lui pour qui le fpectacle de la mifere » d'autrui eft un fpectacle douloureux».
(T. I. p. 103).

E iv

Quel plaisir horrible de s'occuper avec opiniâtreté à dégrader & à prophaner un des sentimens qui honore le plus la Nature humaine? Quoi, ce ne seroit que parce qu'il y a des hommes qui ne peuvent soutenir, sans éprouver les atteintes d'une douleur physique, le spectacle de la misere de leurs semblables que l'on voit sur la terre des actes de bienfaisance & de générosité? Et c'est un de ces prétendus bienfaiteurs du genre-humain qui ne rougit pas de publier des leçons aussi scandaleuses!

Ici Je dois conjurer tous les honnétes gens de s'examiner, de descendre au fond de leur propre cœur & de l'interroger. *Fais aux autres tout le bien que tu souhaiterois qui te fut fait en pareil cas*; telle est la maxime sainte dont notre conscience nous rappelle sans cesse & la vérité & la pratique indispensable L'ame naturellement instruite de ce premier devoir, est disposée à le

remplir indépendamment de toute efpece de crainte de douleur phyfique.
Les puiſſans remords qui tourmentent
les violateurs de cette loi originelle,
ou préviennent le crime ou puniſſent
le coupable.

Mais la compaſſion n'infpire-t-elle
pas tous les jours d'exercer des œuvres de charité & de miféricorde envers des perfonnes éloignées de nous,
qui nous font inconnues & de la fituation fouffrante defquelles nous ne
ferons jamais les témoins oculaires?
Ce n'eſt donc point précifément dans
la foibleſſe de l'homme que la Vertu de
l'humanité puife fa force? Elle n'a donc
point, comme l'amour du jeu, qui eſt
en foi un défaut de perfection, ou la
crainte de la douleur pour principe ou
pour fin l'efpoir du plaifir phyfique.

Ce n'eſt pas davantage de l'intérêt
perfonnel que dérivent les douces habitudes de la bienfaifance & de la com-
misération. N'eſt-il pas ordinaire

d'aller au fecours des malheureux fans fe promettre le moindre retour de leur part ? Si ces Vertus font louables & précieufes, ce n'eft pas encore parce qu'elles peuvent devenir utiles à tous, mais parce qu'elles font une partie ef-fentielle du grand fyftéme de l'ordre moral.

S'il étoit vrai, felon l'hypothèfe de M. Helvétius, que l'homme ne fut humain que parce que fes fens font plus ou moins fufceptibles d'émotion, la foupleffe de fes organes feroit donc tout le mérite de fes bonnes œuvres ? Pour lors le mot Vertu ne fignifieroit plus qu'une certaine difpofition parti-culiere de fes mufcles, de fes fibres, de fes tendons, de fes nerfs, &c. C'eft en frémiffant qu'on apperçoit à quel excès d'impiété & d'extravagance peut & doit conduire ce monftrueux en-feignement.

ARTICLE XVI.

De l'Amitié.

» AMITIÉ. C'eſt pareillement de la
» ſenſibilité phyſique que découlent les
» larmes dont j'arroſe l'urne de mon
» ami. La mort me l'a-t-elle enlevé ?
» Je regrette en lui l'homme dont la
» converſation m'arrachoit à l'ennui,
» à ce mal aiſe de l'ame, qui réellement
» eſt une douleur phyſique. Je pleure
» celui qui eût expoſé ſa vie & ſa for-
» tune pour me souſtraire à la mort &
» à la douleur. Qu'on deſcende, qu'on
» fouille au fond de ſon ame; l'on
» n'apperçoit dans tous ſes ſentimens
» que les développemens du plaiſir &
« de la douleur phyſique ». (T. I. p.
106).

Voilà donc le terme où vient aboutir le cours de la nouvelle philoſophie.
Il eſt bien étrange ce ſyſtéme où l'on

réduit en principes les moyens de dégrader & de corrompre tous les fentimens vertueux? i l'amitié n'eft plus
qu'un égoïfme déguifé, quel affreux
renverfement dans toutes les idées morales? Que deviennent les avantages
les plus doux, les plus chers & les plus
effentiels de la fociété, fi l'on admet
une fois que l'utilité perfonnelle, ou,
ce qui revient au même, le développement du plaifir & de la douleur phyfique fo t l'unique régle des devoirs &
la feule mefure des égards, des atten-
tions & de ces préférences délicates
qui en font toutes les délices? Mais
cette pente fi naturelle des bons cœurs
les uns pour les autres; mais ces
attraits p iffans & prefque toujours
victorieux qui les animent & les ex-
citent; mais cette fecrette fympathie
qui les charme, les rapproche & les
unit, tout cela n'eft donc rien de réel
& ce ne feroit qu'une illufion? O hommes malheureux qui défendez ou qui

adoptez une opinion auſſi déſeſperante & auſſi abſurde !

Qu'eſt-ce donc que l'amitié ? N'eſt-ce pas cette liaiſon de deux ames honnêtes à laquelle de ſecrets rapports de caractère donnent naiſſance, qui a pour baſe la vertu, que l'eſprit de ſageſſe éclaire, qu'une vigilance mutuelle entretient & qu'un dévouement ſans bornes ſerre par des nœuds indiſſolubles ? L'Ami eſt ce tréſor précieux & incorruptible qui confond le ſéjour de la terre avec celui du ciel, lorſque nous pouvons nous flatter d'en obtenir la poſſeſſion. Je le demande à mon tour. Qu'on deſcende, qu'on fouille au fond de ſon ame, & l'on obſervera que cette jouiſſance pure des ſentimens eſt bien d'un ordre ſupérieur au plaiſir que peut procurer la ſenſibilité phyſique.

Non, ce n'eſt point cette ſenſibilité, ce ne ſont point nos nerfs, ce ne ſont point nos fibres auxquels eſt confié le ſoin de faire éclore les charmes de l'amitié. Ce n'eſt pas davantage dans nos veines qu'il convient de chercher excluſivement le véhicule des louables qualités & de ces ſublimes inclinations de nos ames. Eh , par quelle magie inconcevable arriveroit-il quelquefois que deux hommes , qui ne ſe ſont jamais vus & que leur deſtinée ſépare pour toujours , conſervent l'un pour l'autre l'amitié la plus ſincere. Ils ne ſe connoiſſent néanmoins que par le récit qu'ils ont entendu faire de leurs talens, de leurs vertus & de leurs actions. Pourquoi, placé au milieu d'un cercle nombreux , éprouvé-je pour un homme que je vois pour la premiere fois & peut-être pour la derniere , un mouvement ſubit d'eſtime & d'affection duquel je ne puis me rendre compte? Ces phénomènes qui ne ſont pas très-rares , s'expliqueroient mal dans le ſyſtéme de l'Auteur.

Enfin ſi l'amitié n'étoit que le développement du plaiſir & de la douleur physique, il faudroit dire à ces hommes qui ne tiennent fortement les uns aux autres que par la haute idée qu'ils ont réciproquement de leurs Vertus morales : vous vivez dans l'erreur, vous n'êtes point des amis véritables. Ceux-là peuvent feuls s'honorer de ce titre dont l'effervefcence du fang, l'analogie des humeurs & l'accord des organes ont fait naître & entretiennent ces relations intimes.

Eft-il donc poffible de confondre de la forte deux fentimens fi difparates, favoir cette paffion groffiere qui trop fouvent fait le fupplice & caufe la honte des perfonnes qu'elle maitrife, & cette amitié pure qui embellit l'exiftence des hommes & les éleve fi fort au deffus de tout ce qui refpire.

ARTICLE XVII.

Que l'homme n'est point sans passions.

» Presque tous les hommes sont
» sans passions, sans amour pour la
» gloire ». (T. I. p. 223).

Le zèle du paradoxe dans un Ecrivain, annonce-t-il qu'il soit sans passions & insensible aux charmes d'une gloire quelconque ? On se le persuadera avec peine. Mais si le plaisir d'écrire des choses extraordinaires a conduit la plume de M. Helvétius, pourquoi s'obstine-t-il à refuser à presque tous les hommes le desir d'en faire ? C'est une espéce de contradiction qui est frappante.

Au reste, c'est avoir bien mal observé les penchans & le goût naturel des hommes ou se rendre coupable d'une grande infidélité dans le compte qu'on en publie, que de soutenir que presque tous les hommes soient sans passions. Si l'état d'indifférence est une situation presque impossible, ne doit-on pas convenir que presque tous les hommes sont véritablement nés avec des passions ou pour les passions ? Et où trouver un Etre qui pense & qui sent & qui ne soit pas successivement occupé de ses plaisirs ou de ses peines ? Quel est l'homme qui soit assez délaissé par la Nature pour n'avoir ni esperance ni desirs ? Toutes les vicissitudes de la vie humaine ne sont - elles pas l'effet des passions déja exercées ou le principe de passions renaissantes ?

Presque tous les hommes, poursuit l'Auteur, sont sans amour pour la gloire. Si cette proposition étoit certaine, ce ne seroit point une vérité flatteuse. Mais comment a t-elle pû trouver place dans un livre qui paroit être consacré tout entier au dogme de l'intérêt personnel & au triomphe de l'égoïsme ? Dans ce fyftême la vanité de l'homme, qui ne fauroit plus être refrennée par aucun moyen, doit jouer un rôle très-confidérable, & par conféquent l'amour bien ou mal ordonné pour la gloire doit y être le reffort le plus actif, le plus généralement emploié & le plus efficace.

ARTICLE XVIII.

Des premieres habitudes de l'homme.

»Qu'on médite ce sujet, l'on fen-
»tira que notre premiere nature,
»comme le prouve Paſchal, & l'expé-
»rience, n'eſt autre choſe que notre
»premiere habitude ». (T. I. p. 236).

Je demande à Paſchal & à M. Helvétius d'où naît cette premiere habitude ? N'eſt-ce pas ordinairement du
ſein même de notre premiere nature
que part cette premiere inclination,
ou ce premier penchant, ou ce premier appetit qui engendre cette premiere habitude ? Elle ne peut venir
que de nous-mêmes. Or, puiſque ce
ſont les actes répétés de ce premier
deſir que nous appellons les habitudes,
il ſemble qu'on ne ſauroit diſputer à
la nature ſpécifique de chaque indi-

vidu d'en être le premier principe productif. Je cite un ou deux exemples.

Quel est la cause premiere de l'habitude de l'ivrognerie qui deshonore un tel homme? Comme il a apporté en naiffant une complexion très-chaude, il a d'abord été tourmenté par la foif des liqueurs fortes. C'eft donc parce qu'il n'a pas eu le courage de combattre cette paffion, ou de modérer cet appétit défordonné qu'il a dû contracter cette habitude honteufe de boire avec excès. Ainfi c'eft dans les premieres difpofitions de la nature même de cet ivrogne que l'on découvre le principe de ce vice qui, par cette raifon, eft beaucoup plus commun parmi les Septentrionaux que dans les contrées Méridionales.

Tel homme eft extrémement colère. Pourquoi? C'eft que dans fes tendres années il a été trop peu foigneux de réprimer les mouvemens déréglés de fon ame qu'excitoit une grande âcreté de bile, & l'effervefcence impétueufe de fon fang. L'origine de cette dangereufe habitude de la colère dans cet homme, remonte donc à la nature même de fon tempéramment ?

Et encore n'eft-il pas vrai de dire que les habitudes de l'ame fe forment à peu près comme les habitudes du corps ? Qu'un homme, par diftraction ou par indolence, laiffe aller fon corps à une mauvaife pofture, s'il continue de fe négliger cette imperfection fe fortifie ; le corps prend un pli, ce défaut devient incorrigible. C'étoit fimplement une maniere d'être accidentelle; c'eft une néceffité. Mais cette difformité actuelle, qui eft la premiere habitude de ce corps, peut-elle & doit-elle être rapportée à fa premiere nature ? Non ; le corps de cet homme étoit d'abord très-bien conformé. Tel eft le principe & le développement fucceffif des habitudes morales. De-là toute l'atten-

tion que l'on doit donner à n'en contracter que d'heureufes.

C'eft ainfi que ceux qui voudront
méditer ce fu,et reconnoîtront fans
peine que notre premiere habitude n'eft
autre chofe que la répétition de nos
premiers actes qui nous ont été infpirés par les premiers defirs bien for-
més de notre premiere nature.

ARTICLE XIX.

De la docilité naturelle de l'homme & de son amour naturel pour ses parens.

» L'HOMME hait la dépendance. Delà
» peut être sa haîne pour ses pere &
« mere, & ce proverbe fondé sur une
» observation commune & constante :
» *l'amour des parens descend & ne re-*
» *monte pas* .(T. I. p. 114).

L'homme hait la dépendance. Cette proposition a besoin d'être expliquée. Si, par le mot *Dépendance*, on entend un état de contrainte & d'asservissement, il est manifeste que l'homme ne sauroit le supporter avec plaisir. Mais si la dépendance n'est autre chose qu'une soumission raisonnable à des reglemens sages & utiles, l'homme n'a point de motif de s'y soustraire, & dès-lors il ne la hait pas.

Qu'eſt-ce que la Nature nous ſuggere
de haïr ? Tout ce qui doit ou peut
nous nuire Or, des loix qui ſont établies
pour notre ſûreté & qui facilitent ou
augmentent nos jouiſſances n'ont pas
ce fâcheux inconvénient à craindre.
Telles ſont les conſtitutions fondamentales de tout bon gouvernement. Tels
ſont les préceptes de la véritable Religion, parce qu'ils tendent directement au plus grand bonheur de tous
les fidèles Ainſi de pareils moyens de
devenir plus heureux & plus parfait,
doivent être agréables à l'homme ſenſé,
puiſqu'ils impoſent à l'exercice de ſa
liberté une certaine meſure & de certaines conditions.

L'Auteur continue : « delà peut être
» la haîne de l'homme pour ſes pere &
» mere ». De la haîne pour ſes pere &
mere ! Et c'eſt au milieu d'honnétes
gens & pour une Nation qui n'eſt pas
peuplée de monſtres qu'a écrit M. Helvétius ? De la haîne pour ſes pere & mere !..
Je

Je fais qu'il y a eu des fils ingrats ; je fais que le nouveau fyftéme de l'égoïfme peut en multiplier le nombre aujourd'hui ; je fais qu'il eft arrivé que l'averfion d'un enfant pour fes pere & mere s'eft manifeftée queiquefois avec fcandale, & que la nature fenfible en a gémi. Mais j'interpelle tous les cœurs de mes compatriotes... Un violent frémiffement que leur fait éprouver le fentiment d'une profonde horreur eft la réponfe éloquente que j'en dois attendre. Eh, depuis peu de tems, dans les plus accablantes conjonctures, n'avons-nous pas tous été témoins du prodige de courage qu'a produit dans l ame magnanime de trois illuftres Princeffes le fentiment victorieux de la piété filiale?Que l'on defcende dans les claffes inférieures du peuple, je parle fur-tout de celles qui font le moins éloignées de la nature, & l'on remarquera l'affection & la reconnoiffance des enfans occupées fans ceffe & de toute maniere à fou

lager les douleurs inséparables de la vieil-
leffe des pere & mere. Ce fentiment
eft fi cher aux hommes, que des paffions atroces ou d'affreufes doctrines
n'ont pas pervertis, qu'il femble aug-
menter toujours en degrés d'activité
à proportion que les familles fe trouvent plongées plus avant dans l'abime
du malheur ou l'excès de l'indigence.

A l'Egard du proverbe qui dit que
*l'amour des parens defcend & ne re-
monte pas*, l'écrivain abufe du fens
qu'il préfente. Ce proverbe qui, comme
tant d'autres, n'eft point un principe
exact d'une vérité claire & diftincte,
fignifie feulement que l'amour des parens envers les enfans eft d'ordinaire
plus vif & plus inquiet que n'eft pour
eux l'amour des enfans.

La raifon de cette différence, qui
cependant n'a pas toujours lieu, eft
facile à concevoir. Comme les enfans,
felon le cours ordinaire des chofes, ont
un plus grand befoin du fecours de

leurs parens, que les parens n'ont befoin du fecours de leurs enfans, il peut
fe faire que le fentiment de la compaffion, en fe réuniffant à celui de l'amour
dans le cœur des pere & mere, ferme
une efpece de fentiment mixte, qui
par cela même doit fe manifefter avec
plus d'activité & plus d'énergie.

ARTICLE XX.

Des devoirs de l'homme.

» DIEU a dit à l'homme, je t'ai créé;
» je t'ai donné cinq fens; je t'ai doué
» de mémoire, &, par conféquent, de
» raifon... J'ai voulu que cultivant cette
» Raifon, tu parvinffes à la connoif-
» fance de mes volontés morales, c'eft-
» à dire, de tes devoirs envers la fo-
» ciété, des moyens d'y maintenir
» l'ordre, enfin à la connoiffance de la
» meilleure légiflation poffible. Voilà

» le feul culte auquel je veux que
» l'homme s'éleve, le feul qui puiffe
» devenir univerfel, le feul digne d'un
» Dieu & qui foit marqué de fon fceau
» & de celui de la vérité. Tout autre
» culte porte l'empreinte de l'homme,
» de la fourberie & du menfonge ».
(T. I. p. 49).

L'homme eft donc l'ouvrage de Dieu?
C'eft de Dieu que l'homme tient fon
exiftence? C'eft à la fageffe & à la
bonté Divine que l'homme eft rede-
vable de fes cinq fens & de fa raifon?
Ces dons d'une Puiffance fuprême font
précieux. Combien de conféquences
néceffaires dérivent de ce principe effentiel. Cet aveu eft remarquable. Mais
on dira peut-être, c'eft ici une erreur
du Philofophe & non un dogme de la
nouvelle philofophie.

Enfin Dieu, dit M. Helvétius, après
avoir créé l'homme, l'a doué de mémoire & par conféquent de raifon?
Cette conféquence, un peu inattendue,

n'eſt ni auſſi ſimple, ni auſſi certaine qu'il veut nous le perſuader. *Raiſon & Mémoire* ne ſont ni deux termes ſynonimes, ni deux facultés abſolument corrélatives. Tel individu peut avoir la tête meublée d'une nombreuſe collection de connoiſſances, d'anecdotes, de faits, & cependant n'avoir qu'une raiſon foible, bornée & très-équivoque. Point de raiſon ſupérieure ſans un jugement exquis ; & toutefois l'homme le plus érudit n'eſt pas toujours l'homme le plus judicieux.

A la vérité la mémoire ſert à la raiſon. C'eſt un moyen de multiplier & d'étendre les ſphères de ſon activité. Mais la raiſon, faculté plus noble & plus eſtimable que la mémoire, ſubſiſte par elle-même & jouit d'une heureuſe indépendance. Tout Paris a connu des hommes célèbres à qui de fâcheuſes maladies ont fait perdre entierement la mémoire ſans preſque porter aucune atteinte à leur raiſon. Ils montrerent moins d'esprit; ils conserverent leur jugement. Quand l'expérience a parlé d'une voix aussi distincte, que peuvent répondre les systêmes ?

» J'ai voulu que cultivant cette rai» son » (c'est Dieu que fait parler au premier homme M. Helvétius.) » tu » parvinsses à la connoissance de mes » volontés morales, c'est-à-dire, de » tes devoirs envers la société, des » moyens d'y maintenir l'ordre, enfin » à la connoissance de la meilleure lé-» gislation possible ».

Mais d'où vient affecter de ne pas faire mention des devoirs auxquels l'homme est tenu envers lui-même ? Ce moderne instituteur des Nations, (c'est, il faut le dire en passant, le titre glorieux que sa modestie daigne s'approprier). Refuseroit-il de reconnoître la légitimité & la nécessité indispensable des préceptes salutaires qui y ont rapport ? Oseroit-il entreprendre d'arracher des livres de morale les pages

où font écrites ces leçons précieufes ?
Alors, fi l'homme ne fe doit rien à
lui même, ou s'il n'y a point de regle
fure pour diriger fes obligations à cet
égard, combien ne fera point fragile
la bafe fur laquelle porteront les loix
fociales & politiques, les feules dont
on vante ici l'utilité ? fi l'homme s'accorde trop à lui-même, n'eft-ce pas
le plus ordinairement aux dépens des
autres? Si l'homme, au contraire, fe
refufe, ou par infenfibilité, ou par in-
juftice ce qu'il fe doit, comment fe
perfuader qu'il fera attentif à refpecter
les privileges de fes femblables & difpofé à ouvrir fon cœur à leurs befoins?
C'eft ainfi que la légiflation publique
fe trouveroit vraiment infuffifante, quoi
qu'en puiffent dire les nouveaux fabricateurs de ces fyftêmes dans lefquels
les vertus privées de l'homme ne font
prefque rien, & où les apparences ex-
térieures font tout. La caufe premiere
de ce renverfement de principes n'eft

point inconnue : avançons, & elle va fe
manifefter avec évidence.

» Voilà, pourfuit l'Auteur, le feul
» culte auquel je veux que l'homme
» s'éleve, le feul qui puiffe devenir
» univerfel, le feul digne d'un Dieu &
» qui foit marqué de fon fceau & de
» celui de la vérité. Tout autre culte
» porte l'empreinte de l'homme, de la
» fourberie & du menfonge ».

C'eft dans la bouche de Dieu même
que l'Ecrivain ofe placer un tel difcours ! C'eft de la forte que d'un mouvement de fa plume, il fe flatte de pouvoir ruiner fur la furface de la terre
habitable cette multitude de monumens
auguftes qui atteftent & prouvent tout
à la fois l'importance d'un culte fpirituel.

Hors de la fociété nuls devoirs à
remplir ! L'homme a reçu de Dieu
l'exiftence, & il n'eft pas du devoir de
l'homme d'en être reconnoiffant. Dieu
a donné cinq fens à l'homme, qui font
les organes de fes plaifirs, & il n'eft

pas du devoir de l'homme d'en être reconnoiſſant. Dieu a doué l'homme de raiſon, qui eſt un bien ineſtimable, & il n'eſt pas du devoir de l'homme d'en être reconnoiſſant L'homme tient de Dieu tout ce qu'il poſſede, & Dieu doit être à l'homme un objet d'indiſ-férence. Si le tribut d'amour qu'un homme doit à un autre homme a pour meſure l'étendue du bienfait qu'il en reçoit, l'homme eſt diſpenſé de ce ten-dre hommage envers Dieu qui l'a élevé en perfection au - deſſus de tous les Etres. Quelle philoſophie ! Quels Phi-loſophes !

Mais ce culte, qui ne doit pas s'éten-dre au-delà des maximes de la meil-leure légiſlation poſſible, comment pourroit-il devenir le ſeul culte uni-verſel, comme l'enſeigne M. Helvé-tius? Seroit-ce d'après les idées ſi peu avantageuſes qu'il nous donne du ca-ractere naturel des hommes, qu'il ſe flatteroit qu'on put mettre ce culte en honneur dans toutes les sociétés? Quels moyens employer pour rappeller invariablement tous les esprits à une maniere uniforme de penser? L'intérêt seul de l'homme. Quoi, cet intérêt si bifarrement diversifié dans chaque individu & qui se borneroit à la félicité présente, seroit-il un motif assez puissant? La raison d'en douter est que celui dont toutes les espérances se réduisent à vivre actuellement avec le plus de commodité possible, n'est pas loin de la révolte lorsque ses besoins ou ses goûts sont mal satisfaits. Puisqu'il n'a rien à desirer au-delà, il doit vouloir, avec une ardeur opiniâtre, posséder ce qu'il desire. Alors, je vois naître de violens détracteurs du culte universel & l'harmonie de la meilleure législation possible bien-tôt détruite & confondue. Ainsi s'écroulent d'elles-mêmes ces hypothèses extraordinaires que l'orgueil de quelques hommes se plaît de tems en tems à élever & que

leur foibleſſe fait enſuite de vains efforts pour ſoutenir.

Et quand même cette légiſlation la
meilleure poſſible.(s'il arrivoit jamais
que quelque excellent perſonnage la
révélât au monde) deviendroit le ſeul
culte, le culte univerſel, la ſociété politique pourroit y gagner beaucoup,
mais les ſociétés particulieres en ſeroient-elles plus agréables, plus honnêtes, plus vertueuſes? Sitôt qu'il n'y
a, ſuivant l'opinion de M. Helvétius,
qu'un ſeul mobile de tous les actes
humains, ſavoir l'intérêt perſonnel,
ce code de loix ſouveraines, quelque
parfait qu'on veuille le ſuppoſer, pourra-
t-il aſſujettir l'homme entier à ſon examen dans tous les tems, dans toutes
les circonſtances, dans tous les lieux?
Cet avantage ſupérieur n'eſt point
du reſſort & ne ſauroit entrer dans
l'œconomie des inſtitutions purement
humaines. La Religion ſeule, en deſ-
cendant du ciel ſur la terre, a pu at-

teindre ce but, jufqu'alors inacceffible
aux efforts de la plus favante politique, qui étoit de trouver le moyen de
juger avec certitude toutes les affections des ames, même celles qui font
les plus fecretes. La légiflation civile
récompenfe les actions d'éclat & fe
borne à châtier les criminels publics.
Son efficacité vient fe perdre dans la
nuit du myftere. Sous fon empire, quiconque fait l'art dangereux de placer
adroitement le mafque de l'hypocrifie,
doit paroître irrépréhenfible à fes
yeux, & peut néanmoins être coupable
de pareffe, de lâcheté, de perfidie,
d'avarice, d'envie, de médifance, de
haîne, d'ingratitude & de tous ces vices obfcurs qui aviliffent l'homme, le
dégradent & le corrompent. Le Chriftianifme a une vue plus pénétrante &
fa légiflation a bien une autre énergie.
Le rideau du fecret eft toujours levé
pour lui. Les chofes le plus profondé-
ment cachées ne fauroient lui échapper.

'Ainſi les véritables chrétiens , toujours retenus par la crainte actuelle de faire le mal & ſans ceſſe excités par un ſentiment d'amour qui les conduit au bien, doivent marcher avec plus de courage & de conſtance dans les ſentiers de la vérité, de l'honneur & de la vertu.

Donc une légiſlation , que l'on ſuppoſe la meilleure poſſible , mais qui n'a d'autre reſſource que de couper la main qui a commis le crime, n'eſt point comparable à cette autre légiſlation qui fait prévenir le mal , parce qu'elle s'occupe eſſentiellement à regler le cours des penſées, à les éclairer , à tempérer les deſirs & à les intimider.

ARTICLE XXI.

De la Religion des Philosophes.

» Tout dogme est un germe de
» discorde & de crime jeté entre les
» hommes. Quelle est la Religion vrai-
» ment tolérante ? Celle, ou qui n'a
» comme la payenne, aucun dogme,
» ou qui le réduit comme celle des Phi-
» losophes, à une morale saine & éle-
» vée, qui sans doute sera un jour la
» Religion de l'univers ». (T. I. p. 53).

Tout dogme est un germe de discorde & de crime parmi les hommes,
par la même raison que toute vérité y
a occasionné des contestations, suscité
des débats & engendré des erreurs. Eh!
quelle autre source de discorde & de
crime, par exemple, peut faire éclore
& développer le dogme consolant de
l'immortalité de l'ame ? Celui de la

création proprement dite, qui ne doit inspirer qu'amour & reconnoissance pour son Auteur, est il de nature à troubler le repos de l'homme & à lui mettre le poignard à la main? Si l'Ecrivain entend parler de certains abus que des esprits ambitieux, inquiets ou mal reglés ont pu & peuvent commettre, je n'ai rien à répondre. C'est très-sincerement que je condamne les abus & que je blâme la mariere insidieuse du Philosophe qui ose les apporter en preuve.

Mais la droite raison ne dit elle pas qu'il est contradictoire de rejetter un corps de doctrine, sous prétexte que quelques-uns de ses dogmes peuvent, par la malice ou l'ignorance des hommes, devenir une occasion de scandale, pour embrasser des systemes qui présentent incomparablement un plus grand nombre de difficultés & d'où dérivent nécessairement mille maux plus fâcheux & irrémédiables.

Combien cet argument ne paroît-il pas victorieux contre cette foule de prétendus sages dont le principal mérite consiste à éviter une route quelquefois scabreuse pour courir se précipiter dans des abimes ? Prodiges inouis de crédulité & d'incrédulité ! Ils ne sauroient professer les dogmes de la vraie Religion, & c'est avec zèle qu'ils publient les dogmes de l'Athéïsme. Ils ne veulent pas comprendre qu'il y ait un Dieu éternel, & ils conçoivent que le monde subsiste de toute éternité. Ils s'obstinent à nier qu'un Etre sage & intelligent ait ordonné les parties de cet univers, & ils croient volontiers que cet univers a été arrangé sans sagesse & sans intelligence. Ils s'annoncent comme les apôtres & les amis de la vertu, & ils se déclarent contre une loi qui, par l'excellence de sa morale, est supérieure aux leçons des Philosophes de tous les âges & de toutes les sectes.

» Quelle est la Religion vraiment to-
» lérante , « continue M. Helvétius.
cette Religion qui , si l'on veut l'en
croire, est la seule desirable , la seule
utile ? Cette Religion est celle qui , par
son caractère d'une parfaite indifférence,
deviendroit également amie de la sagesse
& de la sottise, & ne daigneroit point
discerner entre la vérité & le mensonge?

Enfin cette Religion , poursuit l'Auteur, est celle qui n'a , comme la
payenne (1), aucun dogme , ou qui

------

(1) Avec quelque connoissance un peu
approfondie du système de la Religion
payenne , est-il raisonnable d'affirmer posi-
tivement que ce culte d'idolâtrie étoit sans
aucun dogme? Pouvoit-on être un secta-
teur fidèle de cette Religion , sans croire
à la vertu de certains mystères , & ne pas
professer de cœur comme de bouche que
Jupiter étoit le Dieu-Roi de l'Olympe, que
Mars présidoit à la guerre , Vénus aux
amours, que l'odeur de tel holocauste étoit
agréable à telle divinité & que telle expia-
tion étoit plus ou moins utile aux hommes?

se réduit comme celle des Philosophes à une morale saine & élevée, qui sans doute sera un jour la Religion de l'univers.

Le parallele que l'on voit ici de la Religion payenne & de la Religion actuelle des Philosophes est heureux & honore infiniment la Philosophie. Je me garderai de contredire les motifs qui peuvent appuyer cette assertion très-singuliere.

Mais qu'au moment où l'on place ces deux cultes sur une même ligne, on annonce, avec l'air & le ton de l'assurance, que la Religion des Philosophes se réduit à une morale saine & élevée qui sera un jour la Religion de l'univers, c'est tout à la fois faire jouer les ressorts & soutenir d'une main ce que l'on détruit de l'autre.

Quelle est donc cette morale si saine & si élevée, que l'on s'empresse de préconiser avec tant d'appareil? Elle a pour base l'intérêt individuel. Quels effets cette morale a-t-elle produits depuis

plusieurs années que ses Apôtres de
toute langue, & ses Docteurs en toute
science s'agitent dans tous les sens pour
la persuader? Hélas, on voit l'époux
qui gémit sur les égaremens de son
épouse bien aimée, à qui le moraliste
moderne a enseigné que le sacrement
de mariage n'est qu'un acte de police;
que la loi, qui prescrit la monogamie,
n'est qu'un précepte de convenance;
que la liberté originelle est, au contraire, un droit absolu & imprescrip-
tible, & que, par conséquent, la fidélité aux engagemens qui en gênent
l'exercice, est une de ces vertus purement factices qui ne doivent leur nais-
sance qu'à la formation des sociétés
qui sont elles mêmes accidentelles, puisqu'il pouvoit arriver que les hommes
qui se sont rassemblés en commun, vé-
cussent toujours isolés les uns des autres. Combien de tendres meres répandent des larmes ameres sur l'ingratitude
de leurs enfans auxquels on a prêché

les avantages de l'égoïsme fur ceux de
cette fenfibilité touchante qui remplit
de délices les ames pures ? Demandez
à cette jeune perfonne comment on a
préparé fes foibleffes & précipité fa
chûte ? Son féducteur a débuté auprès
d'elle par perfiffler l'auftérité prétendue
de fa vie privée, & a fini par étouffer dans fon cœur ces principes falutaires d'un devoir qui, fuivant les conféquences de la nouvelle morale, ceffe
d'etre méritoire fi-tôt qu'il eft couvert
du voile épais du myftere. Pourquoi
cette horrible fureur du fuicide devient-
elle chaque jour moins rare ? C'eft que
les nouveaux moraliftes, en rendant
l'homme plus indépendant de tous les
êtres qui l'environnent, lui prêtent
plus de moyens & plus de facilité de
s'en détacher. D'où vient que les faints
nœuds de la parenté fe relâchent fenfiblement ? C'eft que, par les yeux de
la nouvelle morale, la famille ne doit
plus voir dans fon pere qu'un homme

ordinaire qui lui a donné l'exiſtence ſans le vouloir, ni le ſavoir. On ſe plaint que preſque tous les degrés de la ſubordination ſont anéantis aujourd'hui. Auroit-on lieu d'en être ſurpris puiſque c'eſt une des grandes découvertes de la nouvelle philoſophie que tous les hommes ſont abſolument égaux entr'eux, & que tout contrat ſocial, dès-lors qu'il bleſſe cette parfaite égalité, eſt nul, injuſte & tyranique.

Je conviens que, dans tous les tems il y a eu des femmes infidelles, des maris débauchés, des fils ingrats, des amis perfides, &c. Mais je ſais auſſi que, dans aucun tems, on n'avoit imaginé de réduire en corps de ſyſtême les différentes manieres de fauſſer les eſprits, de dépraver les cœurs, & que jamais tant d'Ecrivains, d'ailleurs très capables d'opérer le bien, n'avoient exercé leurs talens à controuver une méthode raiſonnée d'encourager les hommes à la

pratique du mal & de les y affermir
en leur ôtant jufqu'à la derniere ref-
fource, celle des remords.

Et à quelle fin conduit & le Philofophe & les Difciples, cette Religion
ennemie de Dieu & des hommes ? Bayle
va nous l'apprendre. » Voici l'état de
prefque tous les incrédules. Ils ne
connoiffent pas clairement la vérité de
la Religion, mais auffi ils ne connoiffent pas clairement qu'elle n'e-
xifte point. Leur coutume d'invoquer
Dieu au tems de leurs maladies eft une
marque où qu'au tems de la fanté ils
ne doutent point de l'exiftence de la
Religion, ou que tout au plus ils met-
toient cela en probléme, mais en probléme dont ils embraffent l'affirmative
quand ils craignent de mourir. L'inclination à la volupté leur fait reprendre
leur premier train, leur premier langage lorfque la fanté eft revenue. Auffi
eft-il apparent que ceux qui affectent

dans les compagnies de combattre les
vérités les plus communes de la Religion, en difent plus qu'ils n'en penfent. La vanité a plus de part à leurs
difputes que la confcience. Ils s'imaginent que la hardieffe & la fingularité
des fentimens qu'ils foutiendront, leur
procurera la réputation de grands efprits. Les voilà tentés d'étaler, contre
leur propre perfuafion, les difficultés
à quoi font fujettes les doctrines de la
la Providence & celles de l'Evangile.
Ils fe font donc peu à peu une habitude de tenir des difcours impies, &
fi la vie voluptueufe fe joint à leur vanité, ils marchent encore plus vîte
dans ce chemin.

Ainfi cette mauvaife habitude con-
tractée d'un côté fous les aufpices de
l'orgueil, & de l'autre fous les aufpices
de la fenfualité, émouffe la pointe des
impreffions de l'éducation ; je veux dire
qu'elle affoupit le fentiment des vérités

qu'ils ont apprises dans leur enfance
touchant la Divinité, le Paradis &
l'Enfer: mais ce n'est pas une foi éteinte;
ce n'est qu'un feu caché sous les cen-
dres. Ils en ressentent l'activité dès qu'ils
se consultent, & principalement à la
vue de quelque péril. On les voit alors
plus tremblans que les autres hommes:
ils passent jusqu'à la superstition. Le
souvenir d'avoir témoigné plus de mépris qu'ils n'en sentoient pour les choses saintes & d'avoir tâché de se soustraire intérieurement aussi à ce joug,
redouble leur inquiétude. On n'a presque jamais vu qu'un homme grave,
éloigné des voluptés & vanités de la
terre, se soit amusé à dogmatiser pour
l'impiété, encore qu'une longue suite
de méditations profondes, mais mal
conduites, l'ait précipité dans la rejec-
tion intérieure de toute la Religion.
Bien loin qu'un tel homme voulut ôter
de l'esprit des jeunes gens les doctrines

qui

qui les peuvent préserver de la débauche ; bien loin qu'il voulut inspirer ses opinions à ceux qui en pourroient abuser, ou à qui elles pourroient faire perdre les consolations que l'esperance d'une éternité heureuse leur fait sentir dans leurs miseres, il les fortifieroit la dessus par un principe de charité & de générosité. Voilà ce que font les incrédules de système, ceux que la débauche, ni l'esprit hableur n'auroit point gâtés. « (Dict. Hist. Crit. Art. *des Barreaux*. N. F).

Je laisse aux écrivains & aux discoureurs philosophes de nos jours le triste soin de juger leur propre conduite & de l'apprécier d'après ce témoignage d'un maître dont l'autorité leur est encore chere & respectable.

G

ARTICLE XXII.

De l'Athéïsme.

» C'EST à des disputes de mots qu'il
» faut raporter toutes les accusations d'A-
» théïsme. Il n'est point d'homme éclairé
» qui ne reconnoisse une force dans la
» nature : il n'est donc point d'Athée.
» Celui-là n'est point Athée, qui dit :
» le mouvement est Dieu, parce qu'en
» effet le mouvement est incompréhen-
» sible, &c.... Celui-là n'est pas Athée,
» qui dit, au contraire, le mouvement
» n'est pas Dieu, parce que le mou-
» vement n'est pas un Etre, mais une
» maniere d'être ». (T. I. p 203).

Il n'est point d'homme éclairé qui
ne reconnoisse une force dans la nature : il n'est donc point d'Athée. Si
l'Auteur eût dit, il n'est point d'homme
éclairé qui ne reconnoisse une force au-

deffus de la nature, la conféquence qu'il en tireroit, donc il n'eft point d'Athée, feroit plus fupportable.

Mais s'il a jamais exifté des Athées de bonne-foi, n'eft ce pas parce qu'il s'eft trouvé des hommes qui fe font obftinés à ne reconnoître d'autre force que celle qu'ils fuppofoient dans la nature & qu'ils croyoient lui être né-ceffairement inhérente Celui-ci feroit véritablement Athée qui eftimeroit que la nature peut & doit fe fuffire à elle-même. Celui-là, au contraire, ren-tre dans la claffe générale des Théîf-tes, qui tient pour certain que l'uni-verfalité des chofes eft foumife, foit pour l'exiftence, foit pour la maniere d'exifter, à un Etre fuprême qui a tout ordonné & qui gouverne tout & chacune des parties.

D'après cette diftinction, qui eft établie fur la différence effentielle des principes, il eft manifefte que l'homme qui ne veut feulement reconnoître

qu'une force quelconque dans la nature, n'a de la Divinité aucune no-
tion vraie & déterminée, & eft, par
cela même, coupable d'Athéïfme.

Quoi ! Celui-là n'eft point Athée qui
dit, que le mouvement eft Dieu. Il
feroit donc poffible, fuivant cette doctrine, que Dieu ne fut qu'un Etre matériel ou un fimple mode de la matiere.
Jufqu'ici le délire philofophique n'avoit
point fuggéré d'enfeigner une telle abfurdité.

Mais le mouvement ne peut-il pas
être ou n'être pas dans la nature ?
L'idée de fe mouvoir n'eft point infé-
parable de l'idée des corps. Ne conçoit-
on pas avec la même facilité une portion de matiere en repos comme on
la conçoit en mouvement ? Cette derniere modification n'eft donc point abfolument effentielle à la matiere ? Si
néanmoins on pouvoit dire que le mouvement eft Dieu, il faudroit en conclure que le mouvement eft éternel &

que Dieu n'eſt qu'une modalité, ce que l'Écrivain paroît lui-même rejetter & ce qui implique contradiction.

Or, dans cette hypothèſe où le mouvement peut également exiſter ou ne pas exiſter, ſi actuellement le mouvement n'exiſtoit pas, qui pourroit le produire ? La nature entiere n'en auroit point la vertu. On la ſuppoſe dans un état abſolu d'inertie. Si le mouvement exiſte, qui pourroit l'interrompre ou l'anéantir comme cela arrive à toute heure par rapport aux différens corps qui ceſſent d'être mûs ? Dieu ou le mouvement étant la force toute-puiſſante dans la nature, il eſt évident qu'aucune autre cauſe ne ſeroit capable de la balancer, ni de la détourner dans le cours de ſes opérations & encore moins de l'affoiblir juſqu'à la réduire au néant.

D'ailleurs, ſi l'on peut ſoutenir ſans s'expoſer, comme le prétend M. Helvétius, à l'anathême que prononce la

faine raifon contre l'Athéïfme , que
Dieu n'eft qu'une force dans la nature,
je dis; ou cette force eft un être effectif ou feulement une modalité. Dans
le premier cas , ou cet être eft réellement diftingué de la nature , ou il eft
confondu & identifié avec elle ? Si l'on
répond que cet être eft réellement diftingué de la nature, il s'enfuit qu'il
n'eft point précifément dans la nature.
Si cet être eft confondu & identifié
avec la nature , il n'eft plus poffible
alors d'affigner aucune diftinction raifonnable entre lui & la nature dont il
fait néceffairement partie. Il n'eft plus
qu'une portion du grand Tout. Donc
il n'eft pas Dieu puifqu'il participe
identiquement à la même effence des
autres êtres qui ne font pas Dieu. Dans
le fecond cas , où cette force dans la
nature ne feroit qu'une pure modification, Dieu , s'il étoit cette force
aveugle & incertaine, fe trouveroit
d'un ordre tout à fait inférieur à tous

les êtres. Perſonne ne révoquera en doute que les modes ou les accidens, tels qu'ils puiſſent être, ſont toujours dépendans des ſubſtances & ont dès-lors une valeur beaucoup moins conſidérable qu'elles.

C'eſt donc à tort que l'Ecrivain a avancé que l'homme éclairé, parce qu'il reconnoîtroit une force dans la nature, ne doit point être compté au nombre des Athées, & que c'eſt par conſéquent à des diſputes de mots qu'il faut rapporter preſque toutes les accuſations d'Athéïſme.

Quelle façon auſſi nouvelle que ſinguliere d'accréditer l'Athéïſme que de prétendre que ceux - là ne ſont point Athées qui croyent que la matiere contient en ſoi une force active qui eſt capable d'opérer toutes les merveilles dont la nature eſt le réſultat ? Avec quelle adreſſe M. Helvétius cherche à inſinuer en même tems la poſſibilité de ce dogme dont il fait valoir par-tout les conféquences ? Pour toute réponfe à tant de fophifmes il fuffit, ce femble, de le renvoyer & fes partifans à ce qu'enfeigne Bayle dont la méthode de raifonner ne doit pas, pour l'honneur de la Philofophie, être méprifée & qui, dans cette occafion, mérite d'être avouée de tous les fages.

» Je connois d'habiles gens qui fe vantent de comprendre que les loix générales de la communication du mouvement, quelque fimples, quelque peu en nombre qu'elles foient, fuffifent à faire croître un *fœtus*, pourvu qu'on fuppofe qu'elles le trouvent organifé. Mais j'avoue ma foibleffe; je ne faurois bien comprendre cela. Il me femble qu'afin qu'un petit atôme organifé devienne un poulet, un chien, un veau, il eft néceffaire qu'une caufe intelligente dirige le mouvement de la matiere qui le fait croître; une caufe, dis-je, qui ait l'idée de cette petite machine & des moyens de l'étendre &

de l'aggrandir felon les juftes proportions.

On m'avouera, je m'affure, qu'il n'eft pas plus concevable que les loix du mouvement foient la feule caufe de la conftruction d'une petite maifon, qu'il eft concevable qu'elles la changent en un grand palais, où chaque chambre, chaque porte, chaque fenêtre, &c. gardent les mêmes proportions que l'architecte du petit logis avoit obfervées. Si ces deux chofes font à-peu-près également difficiles, pourquoi croirons-nous que les loix du mouvement incapables d'organifer un point de matiere, auroient la vertu, fi elles le trouvent organifé, de le convertir en un animal mille fois plus gros, toutes les proportions obfervées dans un nombre prefqu'infini d'organes de différente nature, les uns mous, les autres fluides, les autres durs, &c.

Je trouverois donc affez vraifemblable que l'accroiffement du *fœtus* orga-

nifé fi l'on veui depuis le commencement du monde, eft dirigé par une
caufe particuliere qui a l'idée de cet
ouvrage & des moyens de l'agrandir,
comme un Architecte a l'idée d'un
édifice & des moyens de l'agrandir
quand il exécute un plan qu'il trouve
tout fait & qu'il pofe fur fa table.

Une infinité de gens m'avoueront
que les animaux fe développent dans
la matrice, qu'ils s'y nourriffent, qu'ils
y croiffent par la direction d'une providence; mais ils prétendront que c'eft
Dieu qui dirige tous ces effets. Je
leur déclare qu'ils fortent de la queftion: car nous ne cherchons pas ici la
premiere caufe, l'auteur général de
toute chofe. Nous cherchons la caufe
feconde, la raifon particuliere de chaque effet. Donner Dieu pour toute
raifon dans cette recherche, ce n'eft pas
philofopher. Dites moi, je vous prie,
s'il y avoit des habitans dans les pla-
netes & qu'ils defcendiffent dans l'une

de nos maiſons & qu'ils devinaſſent l'uſage des chambres, celui des fenétres, celui des portes, celui des véroux, &c. & qu'enfin ils ſe contentaſſent d'admirer la providence de Dieu qui auroit conſtruit un édifice très-commode à l'homme, ne les prendroit-on pas avec raiſon pour des ignorans? Ils ne ſauroient pas que cet édifice a été bati par les hommes & qu'un Architecte humain a dirigé la ſituation des pierres, des planches, &c. ſelon les fins qu'il ſe propoſoit. A la vérité c'eſt de Dieu que l'homme reçoit cette intelligence; mais ce n'eſt point Dieu qui eſt la cauſe prochaine, naturelle & immédiate de cet édifice. Diſons la même choſe à l'égard de la machine des arbres & de celle des animaux : elle dépend de la direction particuliere de quelque cauſe ſeconde qui a reçu de Dieu les lumieres & l'induſtrie qu'il faut employer à cet ouvrage. « (Dict. Hiſt. & Critiq. Art. *Sennert* : n. C.).

donc, suivant Bayle, les loix du mouvement font abfolument infuffifantes
pour former tout corps quelconque qui
eft organifé.

Ce n'eft pas avec moins d'avantage
que, contre les principes de l'A-
théïfme, il démontre la néceffité d'un
premier moteur dans la nature & qui
foit une caufe fpirituelle. « Ou l'on fuppofe, dit il, que les corps ont commencé d'être, ou l'on prétend qu'ils
font éternels. Si tous les corps ont
commencé d'être, il faut néceffairement qu'ils aient été produits par une
caufe fpirituelle ; & voilà le premier
moteur que nous cherchons ; car ce
principe fpirituel, auteur de l'exiftence
de tous les corps, fera auffi le principe de leur mouvement. Si tous les
corps font éternels, & fi cependant
leur mouvement n'eft pas éternel, (ce
qui eft prouvé puifqu'ils font indiffé-
rens pour le repos) il s'enfuit qu'ils
n'ont point en eux la vertu motrice ;

» car ayant eû cette vertu, ils se seroient
» mus & continueroient de se mouvoir
» éternellement. La vertu motrice est
» donc hors des corps : elle est donc dans
» un sujet spirituel ; & voilà encore le pre-
» mier moteur que nous cherchons. « (*Id.*
» Art. *Zarabella* : N. F.).

ARTICLE XXIII.

De la signification du mot MATÉRIALISTE.

« LES Théologiens ont tant abusé du
» mot *Matérialiste* dont ils n'ont ja-
» mais pu donner d'idées nettes, qu'en-
» fin ce mot est devenu synonime *d'es-*
» *prit éclairé.* On désigne maintenant
» par ce nom les Ecrivains célèbres,
» dont les ouvrages sont avidement
» lus ». (T. I. d. 323).

J'ignore s'il y a eu véritablement
des Théologiens qui aient abusé du

mot *Matérialisme*; mais ce que je fais, c'eſt que pluſieurs ont donné des idées nettes & très diſtinctes de cette déſeſperante doctrine.

Eh! d'où naitroit cette très-grande difficulté de connoître, d'approfondir & d'expliquer les principes d'un ſyſtême pour la formation duquel les yeux du corps à demi ouverts ont plus travaillé que n'a fait la ſagacité de l'eſprit? Croire qu'il n'y a dans le monde qu'une ſubſtance unique qui eſt éternelle & qui ne diffère dans toutes ſes parties que par la diverſité de ſes modifications, n'eſt-ce pas profeſſer le dogme du *matérialiſme?* Le mot *materialiſte* n'eſt donc point ſi fort énigmatique qu'on ne puiſſe aiſément le comprendre?

Si les principes de cette doctrine ſont parfaitement connus, les conſéquences néceſſaires qui en dérivent ne ſont ni plus obſcures, ni plus incertaines. Mille fois les plumes des plus

doctes théologiens ont démontré jufqu'à l'évidence quelles étoient, en tout
genre, les fuites déplorables de cette
erreur. En effet, quelles vertus peuvent
croître & fructifier fous l'empire de la
fatalité? Quels crimes, quels forfaits
ne doit pas être tenté de commettre
celui qui n'efpere rien que du moment
où fes paffions l'agitent? Quel accueil
fera-t-on à l'honneur, à la juftice, à
la bienfaifance parmi des hommes qui
n'ont de foi qu'aux promeffes de la
chair & du fang? Quel dégré d'amour
font capables de porter à leurs femblables des hommes qui fe font un devoir de rappeller toutes chofes à leur
propre intérêt phyfique?

Puifque le Matérialifme conduit fes
fidèles fectateurs, lorfqu'ils ne font pas
inconféquens, à de tels degrés de démence & de dépravation, je demande
à l'auteur dans quelle école on a ofé
faire ufage d'un Dictionnaire où le mo

matérialiste ſoit ſynonime *d'eſprit eclairé.*
Heureuſement M. Helvétius ſe tait
ſur cet article. Il faut lui en ſavoir
gré : c'eſt toujours de ſa part un témoignage de reſpect pour ſes maîtres
ou pour le public.

ARTICLE XXIV.

« De l'Analogie entre le système moral & le culte religieux des Nations.

« Des hommes plus pieux qu'éclai-
» rés ont imaginé que les vertus des
» Nations, leur humanité & la dou-
» ceur de leurs mœurs dépendoient de
» la pureté de leur culte. Les hypocri-
» tes, intéressés à propager cette opi-
» nion, l'ont publiée sans la croire.
» Le commun des hommes l'a crue
» sans l'examiner. Cette erreur une fois
» annoncée a presque par-tout été re-
» çue comme une vérité constante.
» Cependant l'expérience & l'histoire
» nous apprennent que la prospérité
» des peuples dépend, non de la pureté
» de leur culte, mais de l'excellence de
» leur législation ». (T. II. p. 119).

Que le culte religieux ait une influence considérable & même nécef-

faire fur les mœurs des Nations, c'eft
une vérité que l'Ecrivain ne réuffira
jamais à confondre parmi ces erreurs
vulgaires qui ne doivent leur crédit
qu'à l'hypocrifie de quelques méchans
ou à l'ignorance de quelques hommes
plus pieux qu'éclairés. Eft-il de la fageffe & de la bonne foi de feindre d'appeller l'expérience & l'hiftoire à fon fecours & de refufer en même tems d'ouvrir les yeux à l'évidence de tous les
monumens hiftoriques & aux lumieres
invariables de la raifon ?

Sont-ce des peuples recommanda-
bles par leur humanité dont le culte
s'eft diftingué par des cérémonies bar-
bares? Quelle caufe fecrete pouvoit
entretenir & irriter l'humeur féroce
des anciens Gaulois? N'étoit ce pas
cette foule de rites monftrueux que
leur Religion ordonnoit & canonifoit?
Un peuple accoutumé à verfer fans
remords fur les autels de fes Dieux le
fang des hommes innocens, devoit-il

éprouver des mouvemens bien fenfibles de compaffion & de tendreffe pour
les malheurs particuliers ? Quelle idée
une Nation eft-elle capable de fe former de la bienfaifance & de la miféricorde , lorfqu'elle met au nombre
des attributs du fouverain être qu'elle
adore l'efprit d'une vengeance irréfif-
tible & les defir abfolu de la mort la
plus violente de fes créatures ?

Mais cet ufage atroce d'immoler des
victimes humaines par quel heureux
moyen a-t-il été aboli ? Pourroit-on
ignorer que c'eft l'ouvrage du chriftianifme? Cette nouvelle légiflation religieufe, en commandant aux hommes
la juftice & la paix, & en les éclairant
fur la pratique des vertus fociales, a
eu le pouvoir & la gloire d'anéantir
ces coutumes horribles qu'infpiroit le
fanatifme le plus groffier & le plus ré-
voltant. Il faut donc convenir que la
pureté des mœurs dans un pays eft

aſſez généralement dépendante de la pureté du culte qu'on y obſerve.

Autre exemple. La ſervitude perſonnelle étoit autoriſée par la religion des Gentils. Alors preſque tous les peuples européens gémiſſoient ſous le poids du plus dûr eſclavage. La Religion chrétienne eſt annoncée, & peu à peu les chaînes qui aviliſſoient & écraſoient la tremblante humanité ſont allégées ou tout à fait briſées.

Cent autres uſages plus ou moins contraires au bien commun des hommes ont éprouvé le même ſort. La Religion de J. C. en éclairant les Nations de la vraie lumiere, a ramené les conſciences à de plus louables principes. De-là le plus heureux changement dans les mœurs de la plupart des particuliers. De-là une révolution preſque générale dans l'adminiſtration publique. De-là enfin de nouvelles légiſlations plus équitables, plus vertueuſes & plus

douces, parce qu'elles font plus conformes à l'esprit du culte faint qui eft
devenu en honneur.

Une des principales fources de la
corruption des hommes ne dérive-t-
elle pas fenfiblement de ce qu'ils ne fe
forment point d'idées affez juftes & affez nobles de la Divinité ? Si l'on regarde Dieu comme un être équitable,
grand, fublime, bienfaifant, on fe fera
une morale fondée fur l'équité, grande
& fublime dans fes rapports & toujours
guidée par l'efprit de la bienfaifance.
Si, au contraire, on confidere Dieu
comme un être limité dans fes vues,
borné dans fon pouvoir, indifférent fur
la deftinée de fes créatures, on fe fera
bien-tôt, n'en doutez pas, une morale analogue à ce phantôme de Divinité. Eft-il donc fi difficile de remon-
ter à la caufe certaine qui produit aujourd'hui fur la fcène du monde tant
de moraliftes de tous les états fi fin-
guliers & fi extraordinaires ?

La raison seule, sans emprunter le secours de l'expérience & de l'histoire, suffit donc pour établir de la maniere la moins équivoque le rapport plus ou moins étroit qui doit nécessairement subsister entre le culte reçu & le système actuel des mœurs. Si le code religieux favorise les penchans, combien n'ajoute-t-il pas encore à la fougue naturelle des passions ? Telles étoient chez plusieurs peuples, ces institutions bizarres, connues sous le nom de mysteres, où chacun, en se faisant initier, contractoit avec cérémonie des obligations souvent incompatibles avec l'amour de la décence & de l'honnêteté. Au contraire, les préceptes de la Religion combattent-ils les défauts originels des hommes & répandent-ils le baume d'une honte salutaire sur leurs foiblesses, c'est pour lors que le retour plus prompt ou plus tardif de la réflexion vient allarmer les consciences & que les fautes se commettent plus rarement & avec moins d'audace.

L'attachement des Nations pour leur culte public pourroit-il être féparé de leur attachement pour les préceptes moraux qui en dérivent? Ces deux points de croyance ne font-ils pas abfolument corrélatifs? S'il étoit poffible qu'il y eut entre le dogme & la morale une contradiction réelle, il arriveroit bien-tôt que les peuples qui feroient trompés par une fauffe doctrine ou dont la confcience feroit égarée par une morale vicieufe, renonceroient à tous principes & retomberoient dans un excès de défordre & d'aveuglement que la légiflation politique n'auroit ni la force d'arrêter, ni le pouvoir de diffiper, parce qu'il naîtroit entre ces deux légiflations un conflict violent qui augmenteroit encore les incertitudes des opinions, accroîtroit le trouble général, & par une fuite inévitable, multiplieroit les incrédules & les coupables.

Reste donc à conclure que ce font vraiment des sages qui, d'après une bonne connoissance du cœur & de l'esprit humain, ont enseigné que les vertus des Nations, leur humanité & la douceur de leurs mœurs dépendoient de la pureté de leur culte. Ainsi c'est de la part de M. Helvétius & de quelques politiques modernes, ses disciples, une extravagance & une impiété de vouloir persuader l'indifférence des cultes & de soutenir qu'ils n'influent d'aucune façon sur la maniere d'être, ni parconféquent sur le bonheur des individus, ni sur la félicité publique.

ARTICLE

ARTICLE XXV.

*De l'insuffisance de la raison en matiere
de religion.*

« C'EST toujours à sa raison que
» l'homme honnête obéira de préférence
» à la révélation... Il est plus criminel aux
» yeux du sage de nier sa propre rai-
» son que de nier quelque révélation
» que ce soit ». (T. II. p. 157).

Oui, la raison a des droits qui sont
sacrés & imprescriptibles. C'est une lumiere céleste donnée à l'homme pour
l'éclairer dans ses doutes & guider ses
pas chancelans au milieu des dangers.
Cette précieuse faculté qui l'éleve si
au-dessus de tous les êtres qui l'environnent, doit présider à toutes ses actions, modérer ou enflammer ses desirs
& même régler le cours habituel de
ses pensées. L'homme sans la raison se-

roit-il le chef-d'œuvre de la Divinité
fur la terre ? Il eſt donc très-eſſentiel
qu'il écoute en tout tems, en tout lieu
& dans toutes les occurrences, cette
voix intérieure & qu'il lui ſoit parfaitement docile.

Mais la raiſon, ce magnifique préſent du ciel, tous les hommes la poſ-
ſedent-ils de la même maniere & tous
la conſervent-ils dans ſa parfaite intégrité ? S'il en étoit de la ſorte, nulle
contradiction réelle, ni même appa-
rente entre les connoiſſances de la raiſon & les vérités de la révélation. Les
unes conduiroient infailliblement aux
autres, & tous les hommes verroient à
peu près avec une pareille évidence que
là où vient expirer la lumiere de la
raiſon, là doit commencer à luire un
nouveau jour, celui de la révélation.

Si, au contraire, la raiſon ne garde
pas dans tous les hommes une conſ-
tante uniformité ; ſi cette faculté eſt
plus ou moins active dans les uns,
plus ou moins clair - voyante dans les

autres; fi, dans la plupart des individus, elle n'eft plus qu'une lueur dou-
teufe, incapable de percer le nuage
du menfonge; enfin fi la raifon d'un
peuple n'eft point à certains égards la
raifon d'un autre peuple; fi la raifon ne
paroît pas parler au militaire comme
au magiftrat, à l'homme comme à la
femme, aux jeunes gens comme aux
vieillards, au riche comme à l'indigent,
au maître comme au ferviteur, au noble
comme au roturier, au villageois
comme au citadin, au philofophe
comme au courtifan; fi le prodigue méprife la raifon de celui qui eft éco-
nome; fi l'ambitieux dédaigne la raifon de l'homme modefte; fi ce proverbe qui dit qu'il y a autant de différentes opinions qu'il y a de différentes têtes, eft auffi véritable qu'il eft
ancien, quel jugement le fage peut-il
fe permettre de porter en faveur de
cette raifon devenue par-tout fi contradictoire, fi bizarrement transformés,

ſi étroitement amalgamée avec les préjugés & ſi ſingulierement ſuſceptible
de prendre la teinte de tous les goûts
& de toutes les paſſions ?

Quelle preuve encore plus manifeſte
de la foibleſſe actuelle de la raiſon humaine & de l'accablement où elle lan-
guit ſous le poids des erreurs, que la
maniere particuliere de ſe conduire de
preſque tous les hommes ? Quel rapport entre les motifs qui les portent
au vice & ceux qui doivent les in-
cliner à la vertu ? Et cependant il arrive chaque jour & à toute heure que
la raiſon n'eſt point aſſez puiſſante pour
diſſiper une légere vapeur qui leur
monte au cerveau, pour calmer une
émotion qui ébranle vio'emment leurs
nerfs, pour arrêter la révolte de leur
eſprit & de leurs ſens. Cette raiſon or-
gueilleuſe on la voit qui céde à un intérêt imaginaire, aux appas de quelques onces d'or, ou à l'ennui de la
paix, ou à la clameur de la vengeance,

aux foupçons de l'envie, aux charmes d'une frivole nouveauté, enfin à tous les vents de l'illufion & à tous les orages du fanatifme.

Quelque raviffante que foit pour les belles ames l'idée de la vertu, la raifon, qui devroit en affermir l'empire, manque le plus fouvent de courage & fuit légérement les preftiges du menfonge. Combien n'arrive-t-il pas fouvent que la raifon, dans un citoyen que le public honore du titre de fage, eft moins forte que fon inconféquence? La plus trifte expérience n'attefte-t-elle pas que ce n'eft que très-rarement que la raifon parvient à perfuader aux hommes que leurs devoirs fe réuniffent pour leur propre avantage & que leur perfection doit fe mefurer fur les degrés de leur amour pour la vérité, la juftice & la bienfaifance.

Au milieu de ce contrafte affligeant de toutes les raifons particulieres qui ne font communément que des préjugés d'état & des erreurs de situation, est-il prudent, est-il sûr d'établir les motifs de sa foi sur la raison d'autrui & de n'avoir pas quelque défiance de la sienne propre ? Il importe donc beaucoup à l'homme de sentir jusqu'où va la dépravation de sa nature & de connoître quels sont les périls qui l'environnent & le menacent, puisque ses semblables, les uns à l'égard des autres & souvent par rapport à eux-mêmes, agissent contre les principes essentiels de cette sublime raison, lors même qu'ils paroissent l'appeller le plus fortement à leur secours.

Le témoignage de Bayle sur ce point important, mérite d'être rapporté. Voici comme il s'explique : » je ne considere ici que les vues que l'on peut avoir quand on est destitué des lumieres de la révélation. En cet état-là peut-on s'empêcher de croire que les horreurs du cahos subsistent encore à l'égard de l'homme? Car mettant à part le combat perpétuel des qualités élémentaires qui regnent un peu plus dans ſa machine que dans la plupart des autres êtres matériels , quelle guerre n'y a-t-il pas entre ſon ame & ſon corps, entre ſa raiſon & ſes ſens , entre ſon ame ſenſitive & ſon ame rai-ſonnable ? La raiſon devroit calmer ce déſordre & pacifier ces différends inteſ-tins ; mais elle eſt juge & partie, & ſes arrêts ne ſont point exécutés. Les choſes les plus oppoſées , la lumiere & les ténebres ne ſe quittent point dans l'homme ; elles s'entreſuivent en lui ; elles ſe talonnent. Moins on ſait , plus on croit ſavoir ; plus on ſait , plus ſent-on ſon ignorance , plus s'expoſe-t-on à s'écarter du droit chemin. Peut-on être le théâtre ou le ſujet d'un confli t plus capricieux ? « (Dict. Hiſt. & Crit. » Art. *Ovide* , N. H.).

Il eſt donc ſuffiſamment prouvé qu'elle eſt bien chancelante & très-in-certaine cette faculté qu'a l'homme de difcerner le vrai du faux, fur-tout s'il s'agit de prononcer contre l'intérêt des paffions ou le crédit énorme qu'obtiennent les préjugés. Mais la raifon rendue à elle-même, ne doit-elle pas alors avouer le befoin indifpenfable qu'elle a du flambeau toujours également lumineux de la révélation? Dans ce cas il ne peut plus être du devoir de l'homme honnête d'obéir à fa raifon de préférence à la révélation, & il n'y a plus lieu de craindre qu'il foit jamais réduit à nier fa droite raifon pour ne pas nier l'évidence des motifs fur lefquels portent les vérités éternelles de la révélation.

ARTICLE XXVI.

De l'utilité & des avantages particuliers de la vraie Religion.

« LE mal que font les Religions est
« réel & le bien imaginaire. De quelle
« utilité en effet peuvent - elles être ?
« Leurs préceptes sont ou contraires ou
« conformes à la loi naturelle, c'est-
« à dire, à celle que la raison perfec-
« tionnée dicte aux sociétés pour leur
« plus grand bonheur. Dans le premier
« cas il faut rejetter les préceptes de
« cette Religion comme contraires au
« bien public. Dans le second, il faut
« les admettre ; mais alors que sert une
« Religion qui n'enseigne rien que l'es-
« prit & le bon sens n'enseignent sans
« elle »? (T. II. p. 125).

Que les fausses Religions , qui ont
égaré l'esprit humain dans les voies du

menfonge & qui continuent de prophaner la terre foient autant de fources
fécondes de maux très confidérables
& qu'elles ne produi ent aucun heureux
effet, c'eft une vérité importante qu'at-
tefte la raifon & que confirme la fageſſe éclairée & prévoyante du chriftianifme. Un mauvais arbre ne peut
donner de bons fruits. Toute Religion
fa fſe a toujours des préceptes ou des
maximes contraires à la loi naturelle,
parce que l'erreur eft néceffairement op-
pofée à la vérité qui eft 'a bafe & le principe immuable de cette loi primitive.
Ainfi nulle difficulté fur ce point.

Il n'en eft pas de même du dilemme
qui fuit & que M. Helvétius emploie
pour combattre l'utilité même de la
Religion véritable. Cet argument qui
a obtenu la plus grande faveur parmi
fes profélites, offre au premier regard
de apparences fpécieufes; mais fi on
l'examine de près, on trouve fans peine
la dialectique de l'écrivain en défaut,

parce que son raisonnement est tout à fait inexact & incomplet.

Si , d'un côté, les préceptes de la Religion sont contraires à la loi naturelle, dit-il, il faut les rejetter comme contraires au bien public. Ce conseil est sage, & le code évangélique en fait un commandement exprès.

Si l'on suppose d'une autre part, continue l'auteur, que les préceptes de la Religion soient conformes à la loi naturelle dans ce cas il faut les admettre ; mais que sert une Religion qui n'enseigne rien que l'esprit & le bon sens n'enseignent sans elle. C'est ici que j'arrête le philosophe.

De ce que les préceptes d'une Religion sont conformes à la loi naturelle, il ne s'ensuit pas & l'on ne doit pas en conclure que le code de cette Religion soit sans utilité.

Les loix naturelles sont-elles parfaitement & généralement connues? Cette lumiere divine n'est-elle point malheureusement obscurcie pour la plupart des hommes ? Dans l'état de corruption & même à plusieurs égards d'aveuglement où est plongé le genre humain, les leçons de la nature sont elles entendues clairement dans tous les lieux ? Le commun du peuple est-il capable, a-t-il le loisir & la volonté sincere de discerner les vérités qui doivent lui être précieuses de cette foule d'erreurs & de préjugés qui l'entourent, le distraient & lui en imposent ? Dans les écoles mêmes de la philosophie, ces loix éternelles ont elles été également préconisées ? Si les différentes sectes des philosophes s'accordent à reconnoître quelques premiers principes de ces loix, n'est-on pas justement effraié des étranges contradictions qui regnent entr'eux sur les conséquences plus ou moins prochaines & plus ou moins essentielles qui en dérivent ? Sont elles donc relativement si certaines & si uniformes les connoissances des loix na-

turelles? S'il en étoit de la forte, il
n'y auroit plus qu'une feule morale pour
toutes les Nations, & la même jurifprudence gouverneroit toutes les
fociétés.

Mais où font deux peuples fur la
terre qui aient les mêmes loix & les
mêmes ufages? Quelle eft même la
Nation dont les loix (1) & les ufages
ne foient pas contradictoires à eux-
mêmes? Fut-il poffible de raffembler

------

(1) Exemple. On affure qu'il y a en
France plus de cent quarante coutumes qui
toutes different les unes des autres. On
ajoute qu'il y a environ quatre cent com-
mentaires fur ces mêmes coutumes qui ne
font pas plus d'accord. Il s'agit pourtant de
conféquences à tirer des premieres loix naturelles. Il eft principalement queftion de
regler, fuivant l'efprit de juftice, la propriété des biens, l'ordre à l'obferver dans
les fucceffions; de prononcer fur les droits
refpectifs de l'homme & de la femme dans
le mariage, fur l'état des enfans, &c. &c.

les états du genre humain , pourroit-on esperer que l'esprit & le bon sens produiroient l'unanimité des suffrages? Chaque société n'a t-elle pas ses extravagances légales & ses prétendues vertus de tems & de lieux ? Les Lapons, les Samoyedes & les Eskimaux ont la loi naturelle, & cependant de quelles épaisses ténèbres leurs ames ne nous paroissent elles pas enveloppées? Au jugement de certains Asiatiques , les Européens méritent peut-être la même compassion.

Au milieu de cette confusion presqu'universelle d'idées & de sentimens sur l'objet qui intéresse le plus le bonheur de l'humanité , combien n'est il pas avantageux de recevoir une Religion qui éclaire les esprits d'une nouvelle lumiere , qui dissipe tous les doutes dangereux qui les ombrageoient & qui fixe inviolablement la croyance des peuples sur la vérité de ces principes immuables qui font la regle de leurs devoirs & les seuls moyens de leur félicité commune.

Ce premier avantage, très-considérable en lui-même, n'est pas le seul
que procure au genre humain la véritable Religion. A la connoissance distincte des loix primitives de la nature,
elle ajoute celle des moyens d'en faciliter & d'en perfectionner la pratique.
Les motifs qu'elle annonce & qu'elle
fait valoir pour inspirer le zèle de
l'exacte observance de ces loix, ne font-
ils pas & plus respectables & plus pres-
sans que tout ce que pourroit le dire
la réflexion chancelante de l'homme
qui est abandonné à sa propre science ?
C'est par-là que les préceptes de la Religion, en accroissant le desir & en
fortifiant le courage des ames fidelles,
redoublent leur activité & les rendent
plus capables de surmonter toutes les
difficultés. C'est par cette raison que
les disciples de l'Evangile font, même
par rapport à l'exercice des vertus fociales, si supérieurs au reste des hommes.

Un troiſiéme avantage particulier à la vraie Religion eſt ſa puiſſance d'élever les ames & de donner en quelque maniere aux loix naturelles une nouvelle dignité & plus de grandeur. La Religion, lorſqu'elle retrace aux yeux de l'homme qu'elle ſait rendre attentif, avec autant d'énergie que de vérité, les divins attributs de ſon créateur, de ſon conſervateur, de ſon rénumérateur & de ſon rédempteur, ne l'excite-t-elle pas efficacement à ſe conformer autant qu'il eſt en lui à ce ſublime modèle & à porter au plus haut degré toutes ſes vertus ?

N'eſt-ce pas encore la Religion qui donne aux conſéquences prochaines de ces loix fondamentales la force de loix abſolues ? Alors, l'homme, par ſon étroite obéiſſance à ces loix qu'on pourroit appeller du ſecond ordre, parce que, ſans la grace de la révélation, elles auroient été preſqu'ignorées, par-

vient à cette pureté angélique & à
cette éminente fainteté qui fait la
gloire des juftes & aſſure leur parfait
bonheur.

Il eſt donc évident que la vraie Religion, tout conformes que foient fes
préceptes à la loi naturelle, manifeſte
d'importantes vérités que l'efprit & le
bon fens feroient incapables d'enfeigner
avec fuccès fans elle. De ce nombre
font le pardon des injures, l'amour de
fes ennemis, l'humilité proprement dite,
le renoncement à foi même & plufieurs
autres vertus pratiques qui ennobliſſent
la nature humaine & rendent l'homme
plus utile & plus cher à la fociété dont
elles perfectionnent le fyſtême.

Et n'eft ce pas une vérité difficile à
combattre, favoir que la politique
qui a pu raſſembler les hommes en
communauté, n'auroit pas réuſſi, fans
le fecours de la Religion, à leur infpirer tout le refpect dû aux loix qui
font fi néceſſaires à leur bonheur. Je

le répete, s'il étoit poffible qu'il n'y eût point de Religion fur la terre, de quel déluge de maux ne feroit-elle pas continuellement inondée? Bien-tôt tout fentiment vertueux feroit affoibli ou même étouffé par la fureur des paffions? Que n'auroit-on pas lieu d'attendre de la malice de la plupart des hommes s'ils vivoient fans crainte comme fans efpérance? Quel frein feroit déformais capable de les arrêter?

Seroit-ce leur intérét particulier? Il eft vrai que fi tous s'accordoient à fuivre les reglemens prefcrits par la fociété, ils y trouveroient tous leur propre avantage. Mais eft-il au pouvoir de quelques ames vertueufes de s'oppofer au torrent de la diffolution, de réformer la multitude & de créer un monde nouveau? Dans l'état actuel des chofes, mille circonftances ne fe fuccedent-elles pas où les defirs & les volontés des hommes font dans une contradiction formelle & où le zèle de

la juftice & l'intérét perfonnel font prefqu'incompatibles ? Qui peut rompre
cette forte d'équilibre & faire pencher
la balance du côté de la vertu ? La
Religion feule.

Mais l'honneur n'eft il pas un moyen
affez puiffant ? Vous e dites philofophe.
Cela devroit être. Je le fouhaite avec
vivacité. Hélas! pourquoi une funefte
expérience vient-elle nous détromper?
Oui, fans doute, l'honneur qui a fon
principe dans la pureté de la confcience, dans la droiture de l'intention,
dans l'amour éclairé & fincere de la
vérité, eft capable d'opérer les plus
heureux prodiges. Mais, l'honneur, qui
a le plus ordinairement cours aujour-
d'hui, ce prétendu honneur dont chacun cherche à fe parer, eft-il ce fentiment effentiel qui ne peut éclore que
dans le fein des vertus? Oferez vous
appeller honneur un certain jargon de
décence, le mafque de l'hypocrifie,
eet art de tromper les hommes avec

politeſſe & de paroître ami de la juſtice plutôt que de l'être ?

Enfin ſont-ce les loix humaines qui peuvent ſuppléer aux loix divines ? Quelque ſoit le degré de ſageſſe auquel elles ſoient portées, ne ſe reſſentent-elles pas toujours de l'infirmité naturelle des hommes dont elles ſont l'ouvrage ?

Ces loix, comme je l'ai déja obſervé, ſont imparfaites dans leur propre ſubſtance. Si elles défendent les crimes énormes, elles ne puniſſent point ces péchés qui, pour être moins atroces, ne ſont pas ſouvent moins capables de répandre l'amertume dans les ſociétés & d'en troubler le repos.

Les loix humaines ſont foibles dans leurs motifs. N'ai-je pas remarqué ailleurs qu'il arrive que les hommes peuvent ſe paſſer des récompenſes qu'elles offrent & ſupporter ou éluder facilement les peines qu'elles infligent? Combien de perſonnes, parce qu'elles ont eu l'audace de violer ces loix, ont plus avancé les intérêts de leur fortune, de leur vanité & peut être de leur réputation que si elles les eussent observées avec une scrupuleuse exactitude ?

Un dernier défaut des loix humaines & qui les rend insuffisantes, est d'être trop restraintes dans la sphère de leur activité. On sait que les hommes puissans ne manquent guères de moyens pour s'en affranchir. Si elles vengent la société des attentats de quelques voleurs que les tourmens de la faim & les horreurs du désespoir portent à s'emparer par ruse ou par violence de quelque partie des richesses d'autrui, il est rare qu'elles frappent d'anathéme & qu'elles fassent tomber tout le poids de leur rigueur sur les têtes criminelles de ces brigands si redoutables & si redoutés par leur conduite atroce, devenus trop fameux par leurs concussions sur les peuples, qui ont répandu sur

leurs pas les femences de toutes les
calamités & qui, fans égard pour les
droits les plus faints de la propriété,
ont difputé le dernier morceau de pain
au pere de famille, à la veuve, à
l'orphelin, fe font enrichis de leurs miférables dépouilles & font retentir les
provinces entieres des cris lamentables
des malheureux & du bruit de leurs
injuftices & de leur impitoyable tyrannie.

Si la véritable Religion, confidérée
feulement dans fes rapports avec l'é-
conomie politique, à des avantages
très-réels & très-diftincts au deffus des
loix humaines & même de la loi naturelle dont elle épure les lumieres en
chaffant les ombres qui viennent l'obfcurcir, combien n'eft-elle pas & ne
doit-elle pas paroître leur être infiniment fupérieure lorfqu'on la juge d'après
les prodiges falutaires qu'elle opere fur
les ames qu'elle pénétre de la grace

de la foi & qu'elle échauffe du feu
divin de la charité? Mais je sens
qu'il faut me taire sur cet article principal. Je ne pourrois plus parler un
langage que le Philosophe voulut entendre.

ARTICLE XXVII.

Que la Théologie est une véritable science.

» QUELQUES-UNS doutent que la
» science de Dieu, ou la Théologie,
» soit une science. Toute science, di-
» sent-ils, suppose une suite d'observa-
» tions Or, quelles observations faire
» sur un être invisible & incompréhen-
» sible? La Théologie n'est donc point
» un science ». (T. I. p. 82.)

Le singulier raisonneur que cet écrivain? Quoi, toujours des assertions
qui sont dépourvues de vraisemblance,

de motifs & de juftice? La Théologie n'eft point un fcience, dit - il,
parce que toute fcience fuppofe une
fuite d'obfervations. Or, on ne peut
faire d'obfervations fur Dieu qui eft un
être invifible & incompréhenfible.

Toute fcience fuppofe une fuite d'obfervations. Ce principe eft certain en
tant qu'il ne s'agit que des fciences naturelles qui ne fe forment que par une
progreffion plus ou moins heureufe
d'idèes, de découvertes & d'expérien-
ces. Mais la fcience de Dieu, ou la
théologie, eft d'un ordre tout à fait
différent. Comme elle eft le recueil d'un
nombre déterminé de vérités révélées,
elle eft entierement indépendante des
recherches & des obfervations que les
hommes font capables de faire. Les
fciences des chofes naturelles ont un
commencement, des degrés d'accroiffement & peut-être des bornes infur-
montables. La fcience des chofes divines n'eft point affujettie à cette marche

che incertaine & tardive. Dès le moment qu'elle a été donnée au genre humain, elle a été & a dû être essentiellement ce qu'elle sera dans tous les siécles. Comme les vérités qu'elle comprend sont toutes des vérités nécessaires, il étoit de la bonté & de la justice de Dieu de les manifester toutes en même-tems. Donc il est contre l'essence de la théologie de supposer une suite d'observations.

Ce n'est pas néanmoins que si, par impossible, la lumiere de la révélation n'eût éclairé le monde, les hommes eussent été privés de tous moyens de parvenir à la découverte de plusieurs vérités importantes dans l'ordre théologique. La simple réflexion sur eux-mêmes & quelques considérations sur les êtres qui les environnent pouvoient les conduire à la connoissance de la création proprement dite, de la spiritualité & de l'immortalité de l'ame, de la nécessité d'un culte intérieur &

extérieur, de l'exiſtence des loix primitives de la morale, &c. &c. Or, ces
obſervations réunies euſſent été très-
propres à ſervir de fondement à une
ſcience. Ainſi la théologie, dans cette
hypothèſe même, eût été une ſcience
véritable tout auſſi bien que l'eſt aujourd'hui la ſcience des choſes naturelles, puiſque la nature eſt un tout
immenſe dont trés-peu de parties ſont
clairement apperçues par très - peu
d'hommes. Dans l'ordre matériel on
juge des cauſes par les effets. C'eût
été de la ſorte que, dans l'ordre purement intellectuel, on auroit reconnu
la cauſe premiere par ſes divines œuvres.

ARTICLE XXVIII.

Des jugemens du Théologien.

« L'Intérêt dicta toujours les juge-
» mens des Théologiens. On le fait.
» Ce n'est donc plus aux Sorbonistes à
» prétendre au titre de moralistes : ils
» en ignorent jusqu'aux principes ».
(T. I. p. 163).

Hé ! M. Helvétius, pourquoi des
injures ? Les preuves vous manquent
donc. Qui vous a dit que l'intérêt
dicta toujours les jugemens des Théologiens ? Comment avez vous appris
qu'on fait cela, c'est-à-dire que personne ne doit l'ignorer ? Ne craignez-
vous point le reproche humiliant d'a-
voir voulu en imposer ? Ce petit article
demande un petit examen.

Quelle sorte d'intérêt entendez-vous
qui ait toujours dicté les jugemens du

théologiens ? Philofophes, vous n'aimez point à définir. Eſt - ce l'intérêt de la fortune, ou l'intérêt du plaiſir ? Vous n'en admettez pas d'une autre eſpece. Mais quelle influence peut avoir ſur la fortune & ſur le plaiſir d'un théologien la maniere de décider un point de morale qui trouble & inquiette la conſcience d'une perſonne qui lui eſt & qui lui ſera toujours parfaitement inconnue ? Qu'importe encore à la fortune & au plaiſir de ce théologien l'éclairciſſement qu'on lui demande & qu'il va donner ſur une queſtion qui n'a pas le moindre rapport à ſon état ? Dans l'un & l'autre cas il feroit difficile d'indiquer d'où pourroit naître cet intérêt & à quelle fin il iroit ſe terminer. Concluons donc que le théologien n'étant conduit à cet égard par aucun motif particulier, ſes jugemens doivent être auſſi ſages qu'il eſt capable de les rendre,

Mais combien de théologiens, dans
tous les fiecles, que le zèle éclairé de
la vérité a conftamment infpirés, ont
fait de courageufes démarches en fa
faveur & ont généreufement facrifié
au tendre amour qu'ils lui portoient
leur fortune, leur liberté, leur vie
même? Ces exemples ne font point
rares. Ils ne font point ignorés de la
génération préfente. Peut-on dire
de ces hommes qui favent renoncer
à tout, que c'eft l'intérêt qui dicte toujours leurs jugemens? O Philofophes!
Le fublime enthoufiafme dont vous vous
parez foutiendroit mal de telles épreu-
ves. On le fait.

ARTICLE XXIX.

Des mœurs chez les Peuples Catholiques.

» SI les Catholiques font en général
» fans mœurs, c'eft qu'à la pratique
» des vraies vertus, les Prêtres ont,
» dans la Religion papifte, toujours
» fubftitué celle des cérémonies reli-
» gieufes ». (T. I. p. 184).

S'il étoit vrai que les Catholiques fuffent en général fans mœurs, feroit-ce chez les partifans de la nouvelle Philofophie que les mœurs fe feroient réfugiées? L'auteur, s'il ofoit l'affurer, feroit démenti très-formellement par fes propres principes. N'eft-il pas dé-montré que, dans le détestable fyftême de l'égoïfme, l'intérêt perfonnel doit toujours prendre la place des fentimens honnêtes & vertueux?

Mais dire que les Catholiques font en général fans mœurs, c'eft une dé-

clamation tout à la fois bien téméraire & très-extravagante. Comment
un Ecrivain fans caractère fe permet-
il d'inculper d'un maniere auffi grave
des Nations entieres ? S'il parle d'après
les mouvemens de fon cœur, il eft à
plaindre de n'avoir vu au tour de lui
que des ames libertines & corrompues.
Avec cette étrange façon de penfer,
il eft plus que probable que ce n'a
point été de vrais Catholiques don il
a fait fes amis, ni avec lefquels il a
entretenu des relations de fociété. Car
peut - on fuppofer que des hommes
foient perfuadés de la vérité de la Religion fainte qu'ils profeffent, & qu'en
même tems ils foient devenus les ennemis de toute morale? Eft - il facile
d'imaginer que ceux qui croyent de
bonne foi que leur premier devoir confifte à aimer Dieu par deffus toutes
chofes & leur prochain comme eux-
mêmes, contractent par habitude des
difpofitions abfolument contraires ?

Voilà néanmoins ce que M. Helvétius
pretend & ce qu’il auroit dû prouver.

Autre fuppofition pareillement mal
fondée. Ce font les Prêtres, ajoute cet
écrivain, qui, dans la Religion papifte,
ont fubftitué à la pratique des vraies
vertus les cérémonies religieufes. Je
demande aux difciples de M. Helvétius de m’indiquer quelle efpece de cérémonie religieufe a été fubftituée à la
pratique de ces vertus théologiques
appellées la foi, l’efperance & la charité ? Quelles font les cérémonies religieufes qui difpenfent les Catholiques
de la pratique de ces vertus effentielles, de la force, de la prudence, de
la tempérance & de la juftice ? Quelles
cérémonies religieufes enfin tiennent
lieu, parmi les Catholiques, de la bienfaifance, de la libéralité, de la fin-
cérité, de la patience, de la modeftie,
&c. &c. Dans le code de la religion
Catholique n’y auroit-il donc aucun
article qui recommandât l’importance

de ces vertus , ou bien les cérémonies qui y font prescrites feroient-elles incompatibles avec l'exercice actuel de ces mêmes vertus? Si l'Evangile , à cause de la grande pureté de sa morale, a mérité les justes respects de toute la terre, n'implique-t-il pas contradiction de soutenir que les fidéles, qui en font la régle de leur conduite, soient en général plus éloignés que les autres hommes de la pratique des devoirs essentiels & de la voie salutaire des bonnes mœurs ?

Bayle ne penfoit pas fur cet article comme M. Helvétius. C'eft dans le mépris qu'ont les hommes pour les maximes de la Religion qu'il croit découvrir le vrai principe de la décadence des mœurs. Il cite à ce fujet avec complaifance un petit Traité *de la foi des derniers fiecles* du P. Rapin qui prétend que l'horrible corruption qui s'eft introduite dans le monde vient principalement des grands progrès que l'in-

crédulité y a faits. Il n'y a rien de
plus éloquent, dit l'auteur du livre
des *Penfées diverfes fur la Comette* &c.
(§. 150.) que cette defcription.
C'eft fur - tout dans les conjonctures
où nous fommes que ce tableau doit
frapper par fa parfaite reffemblance.
» Y eut - il jamais plus de déregle-
ment dans la jeuneffe, plus d'ambition parmi les grands, plus de débauche parmi les petits, plus de dé-
bordement parmi les hommes, plus de
luxe & de moleffe parmi les femmes,
plus de fauffeté dans le peuple, plus
de mauvaife foi dans tous les États,
dans toutes les conditions ? Y eut-il
jamais moins de fidélité dans les mariages , moins d'honnêteté dans les
compagnies, moins de pudeur & de modeftie dans la fociété ? Le luxe des ha-
bits, la fompruofité des ameublemens,
la délicateffe des tables, la fuperfluité
de la dépenfe, la licence des mœurs,
la curiofité dans les chofes faintes &
les autres déréglemens de la vie font

montés à des excès inouis. Que de
langueur dans la piété, que de grimace
dans la dévotion, que de négligence
dans tout ce qu'il y a d'essentiel dans
les devoirs, que d'indifférence dans le
salut ! Quelle corruption d'esprit dans
les jugemens, quelle dépravation de
cœur dans les affaires, quelle prophanation des autels & quelle prostitution
de ce qu'il y a de plus saint & de plus
auguste dans l'exercice de la Religion !..
Tous les principes de la piété sont
tellement renversés qu'on préfere aujourd'hui dans le commerce un hon-
néte scélérat, qui fait vivre, à un homme
de bien qui ne le fait pas ; & faire le
crime sagement sans choquer personne,
s'appelle avoir de la probité selon le
monde dont les maximes les plus criminelles trouvent des approbateurs
quand elles ont pour auteur des personnes dans l'élévation & qu'elles sont
accompagnées de quelques circonstances d'éclat. Car qui ne sait que dans

I vj

ces derniers tems le libertinage paſſe
pour force d'eſprit parmi les gens de
qualité, la fureur du jeu pour l'occupation des perſonnes de condition,
l'aduitere pour galanterie, le trafic des
bénéfices pour un accommodement des
familles, la flatterie, le menſonge, la
trahiſon, la fourberie, la diſſimula-
tion pour les vertus de la Cour; &
ce n'eſt plus preſque que par la corruption & le déſordre qu'on s'éleve &
qu'on ſe diſtingue. Je ne dis rien de
ces crimes noirs & atroces qui ſe ſont
débordés dans cette malheureuſe fin
des tems dont la ſeule idée eſt capable de jetter l'horreur dans l'eſprit. Je
paſſe ſous ſilence toutes ces abomina-
tions inconnues juſqu'à préſent à la
candeur de notre nation & que nos
peres avoient entierement ignorées,
parce qu'on ne peut aſſez en détourner
la penſée & en ſupprimer la ſeule imagination. Enfin pour exprimer en un
mot le caractere de ce ſiecle, on n'a ja-

mais tant parlé de morale , & il n'y eût jamais moins de bonnes mœurs; jamais plus de réformation & moins de réforme; jamais plus de favoir & moins de piété ; jamais plus d'efprit & plus de raifon parmi le grand monde & moins d'application aux chofes folides & férieufes ».

Ofez maintenant répondre , Philofophes ! Vous qui frondez fi infolemment les loix religieufes; vous qui, comme M. Helvérius , ofez imputer à l'Evangile les effets funeftes de l'incrédulité , les hommes vivroient-ils dans ces déforcres s'ils avoient de la foi ? Feroient-ils tant de démarches fcandaleufes s'ils fuivoient fes lumieres? Et s'ils étoient vraiment Chrétiens & Catholiques fe livreroient ils de la forte à ces excès de déréglement & de corruption ?

ARTICLE XXX.

De l'intérêt du Prêtre.

» L'OBÉISSANCE aux loix est le fon-
» dement de toute législation. L'obéis-
» sance au Prêtre est le fondement de
» presque toute Religion. Si l'inté-
» rêt du Prêtre pouvoit se confondre
» avec l'intérêt national, les Religions
» deviendroient les confirmatrices de
» toute loi sage & humaine. Cette sup-
» position est inadmissible ». (T. II.
page 123).

Oui, l'obéissance au Prêtre, lorsqu'il enseigne les vérités saintes, est
en effet le fondement de presque toute
Religion, de même que l'obéissance
au magistrat, lorsqu'il commande la
justice en vertu des loix, est le fondement de toute législation. Nulle différence réelle entre les devoirs des

peuples dans de femblables circonftances. Car fi les loix religieufes & civiles n'ont point effentiellement de miniftres, ou fi l'exercice des auguftes
fonctions de ces miniftres n'impofe nul
refpect aux peuples & n'exige point
de leur part une entiere foumiffion,
que deviennent les légiflations & quel
fera le produit des loix? C'eft donc
un reproche bien abfurde à faire à la
Religion de ce qu'elle demande aux
peuples une obéiffance prompte & raifonnable à la voix de fes Prêtres en
tant qu'ils exercent leur emploi comme
fes miniftres publics.

Mais répéte M Helvétius, « fi l'in-
» térêt du Prêtre pouvoit fe confondre
» avec l'intérêt national, les religions
» deviendroient confirmatrices de toute
» loi fage & humaine. Cette fuppofi-
» tion eft inadmiffible ». On eft toujours étonné de la maniere impérieufe
avec laquelle cet écrivain ofe prononcer.

Quel est donc l'intérêt du Prêtre ? Nous l'avons expliqué ailleurs. L'intérêt du Prêtre est l'intérêt même de la loi. Le triomphe des loix éternelles dont il est le dépositaire & le ministre doit faire sa gloire comme l'observance exacte des loix civiles honore le magistrat qui est chargé de les faire exécuter. Si ces dernieres loix tombent dans le mépris, la magistrature perd aussitôt tous ses avantages. Reste à conclure qu'il est de l'intérêt particulier des magistrats de maintenir les loix dans toute leur vigueur. De même si les préceptes de la Religion sont négligés, le sacerdoce manque de puissance pour opérer le bien. Il est donc contre l'intérêt du Prêtre de ne pas faire preuve en toute occasion de ce zèle légitime que lui inspire le caractère dont il est revêtu.

Or, puisqu'il est de l'intérêt particulier du Prêtre d'attirer tous les respects aux pieds de la Religion qui a été donnée du ciel aux hommes & reçue dans les états pour le bonheur des peuples, il est manifeste que sur ce point important les intérêts de la Nation & les intérêts du sacerdoce ne sauroient être divisés & qu'au contraire ils viennent se confondre entr'eux.

Ce n'est donc point une supposition inadmissible que les Religions puissent être les confirmatrices de toute loi sage & humaine. L'excellence de la Religion chrétienne n'est elle pas toute en faveur d'une salutaire économie? Je ne cite pour cette fois que le précepte de l'amour de Dieu par dessus toutes choses & de son prochain comme de soi-même, précepte qui doit être pour le chrétien l'accomplissement de la loi & des Prophètes. Ce premier article du code évangélique n'est-il pas une source féconde des plus éminentes vertus & en même tems le contrepoison le plus efficace de tous les vices? Quelle est donc la loi sage & humaine qui ne

puiſſe recevoir d'une loi qui a un tel
fondement, une nouvelle force & une
nouvelle énergie, leſquelles doivent
être d'autant plus actives que, par elles,
ce ſont les conſciences mêmes qui ſont
mûes vers l'amour ou la haîne & excitées à deſirer & à vouloir.

ARTICLE XXXI.

Anecdote calomnieuse.

» Point d'anecdote qui peigne mieux
» l'esprit du Clergé que ce fait si sou-
» vent cité par les Réformés.

» Il s'agissoit dans un grand Royaume
» de savoir quels seroient les livres
» dont on permettroit la lecture au
» jeune Prince. On assemble le Conseil
» à ce sujet. Le confesseur du jeune
» Prince y préside. On propose d'abord
» les Décades de Tite-Live commen-
» tées par Machiavel, l'Esprit des loix,
» Montagne, Voltaire, &c. Ces ou-
» vrages successivement rejettés, le
» confesseur Jésuite se leve enfin &
» dit : j'ai vu l'autre jour sur la table
» du Prince le Cathéchisme & le Cui-
» sinier François. Point de lecture pour
» lui moins dangereuse ». (T. II. p. 126).

Point d'article dans le cours de cet ouvrage qui manifeste avec plus d'évidence que celui-ci a le caractère de vérité de la Philosophie moderne, la passion honnête qui la guide dans ses profondes recherches, sa délicatesse surtout dans le choix qu'elle fait faire des moyens qu'elle emploie & la fin glorieuse qu'elle se propose dans ses immenses travaux.

M. Helvétius a commencé par assurer que » le sacerdoce desire que le Monarque soit abruti ». Il falloit motiver cette assertion un peu hardie. La chose n'étoit point facile. Hé bien! il prend le chemin le plus court ; il controuve un fait, & voilà sa thèse démontrée.

Cette anecdote que la main du téméraire auteur n'a pas refusé d'écrire & qui doit exciter dans l'ame de tous lecteur François un frémissement d'indignation, est tout à la fois une absurdité grossiere & une imposture atroce.

Lorsque M. Helvétius annonce que ce fait imaginaire a été souvent cité par les Réformés, il veut sans doute parler de ces Philosophes de la nouvelle réforme parmi lesquels il a eû la funeste ambition de jouer un des premiers rôles.

Quoiqu'il en soit des intentions secrettes de cet écrivain qu'il ne nous appartient pas de juger, je lui demande seulement d'où il a tiré cette anecdote extraordinaire? Quels sont les témoins qui la lui ont certifiée, ou quels mémoires lui en ont fourni les preuves?

Le livre de l'*Esprit des Loix* qui, si on l'en croit, fut proposé avec les œuvres de M. de Voltaire pour servir d'instruction au jeune Prince, annonce sans équivoque quel est ce Prince qu'il veut désigner. *Le Cuisinier François*, qu'il prétend que le Jésuite son confesseur avoit vu sur sa table à côté du Catéchisme, ne peut pas laisser douter davantage quel est ce grand Royaume

où il lui p'ait de placer cette fcene
d'imbécilité & de fcandale.

Mais l'Augufte Pere du jeune Prince
dont il eft mention étoit un homme
très-vertueux. Aux qualités excellentes
du cœur, il réuniffoit les lumieres d'un
efprit profond. Comme l'éducation de
fes fils (ils étoient au nombre de quatre) faifoit, fuivant fes fages principes, fon devoir le plus effentiel, il dé-
libéra avec maturité fur tous les
moyens poffibles de le remplir avec
fuccès. Si les perfonnes qu'il daigna
s'affocier pour l'inftitution des Princes
furent très honorées de ce témoignage
éclatant de fa confiance, on ne fauroit fe diffimuler que le mérite reconnu
de ces hommes diftingués (1) n'ait
fait pareillement beaucoup d'honneur à
fon choix.

---

(1) M de Coëtlofquet, ancien Evêque
de Limoges, MM. les Abbés de Radonvil-
liers, de Moftuejouls, Gafton de Pollier, &
M. d'Argentré, maintenant Evêque de Sées

Ce choix fit verfer bien des larmes & coûta généralement les regrets les plus amers aux habitans d'une province qui, lorfque leur Evêque s'éloigna d'eux malgré lui, ne fe feroient point confolés de perdre le pafteur le plus vigilant, le pere le plus tendre, le juge le plus éclairé & le plus intégre, enfin leur meilleur ami, le défenfeur des opprimés & le protecteur des malheureux, fi le parent de cet homme rare & précieux, en occupant fon fiége, n'eût été animé du même efprit & ne travailloit à donner l'exemple des mêmes vertus.

Ici, j'ofe interroger la Nation entiere & je lui demande fi le Sacerdoce, dans le cœur d'un tel homme & de fes dignes co-opérateurs, à pu former le vœu impie que les jeunes Princes fuffent abrutis.

Il eft vrai que ces fages inftituteurs ne leur ont point permis la lecture des Décades de Tite-Live commentées par Machiavel. Ils auroient eû

horreur de corrompre des ames pures
& formées pour les plus hautes destinées par les leçons exécrables de l'A-
pôtre de la perfidie , de la scélératesse & des forfaits. Le livre de Montagne n'a point été mis fous leurs yeux
par la raison qu'il étoit de la prudence
des maîtres d'enseigner d'abord à leurs
éleves le respect profond que tout
homme doit à l'honéteté des mœurs
& aux vérités utiles. Eût-il encore été
convenable de leur laisser indifféremment entre les mains les œuvres de
Voltaire , puisque ce Poëte philosophe
varie sans cesse dans ses principes &
paroît se contredire suivant la diversité de ses goûts, de ses intérêts & les
différens sujets qu'il a occasion de traiter? L'Esprit des Loix, ce Livre qui
contient quelques grandes vues, certaines vérités curieuses & plusieurs erreurs considérables , est-il donc fait
pour l'instruction de la premiere jeunesse?

Si

Si les promoteurs de la nouvelle Philosophie ne furent point consultés sur le plan qu'il étoit expédient de suivre dans le cours de cette importante éducation, elle n'en a pas été moins parfaite, & ses succès n'en sont pas moins heureux.

L'étude des jeunes Princes fut celle des ouvrages les plus excellens en tout genre & les plus capables d'éclairer leur esprit, de former leur jugement, de développer & de fortifier les qualités naissantes de leur cœur. Des Extraits des meilleurs écrits tant anciens que modernes faits avec beaucoup de discernement ont encore facilité cet important travail. J'en parle avec toute l'assurance d'un témoin oculaire.

Mais la Nation elle-même ne le voit-elle pas maintenant avec allégresse, & ne se prépare-t-elle pas à recueillir les fruits salutaires que produisent chaque jour l'esprit de science & les sentimens de vertu de ces augustes Princes qui sont nés pour sa véritable gloire & sa plus grande félicité. C'est pourtant le Sacerdoce qui a dirigé la partie la plus considérable de cette belle éducation. Que devient donc l'énorme imputation du faiseur d'anecdotes ? Ce seroit sans doute une source de honte & d'infamie pour ceux qui, d'après lui, auroient la rage de la répéter.

ARTICLE XXXII.

De l'esprit du Sacerdoce.

» LE soin du Prêtre fut toujours
» d'éloigner la vérité du regard des
» hommes. Toute lecture instructive
» leur est interdite. Il hait & il haïra
» toujours le Philosophe. Il craindra
» toujours que des hommes éclairés ne
» renversent un empire fondé sur l'er-
» reur & l'aveuglement. Sans amour
» pour les talens, il est l'ennemi secret
» des vertus humaines ». (T. I. page).

Combien de reproches en peu de
lignes contre les Ministres de la Religion chrétienne, & qu'ils font graves !
Mais tous ces reproches sont-ils bien
fondés ? Rien n'est plus intéressant à la
société que de s'en assurer. En conséquence je me permets quelques détails.

1°. Le soin du Prêtre, dit M. Helvétius, fut toujours d'éloigner la vérité

du regard des hommes. Eh , par quelle adreſſe le Prêtre s'eſt · il ménagé dans tous les tems des moyens toujours certains de conduire à ſon gré ce ſyſtême d'iniquité? Je réfléchis , je recherche & je trouve que ces moyens ne peuvent être que de deux ſortes. Ou le Miniſtre des autels s'eſt toujours appliqué avec ſuccès à mettre la vérité en fuite par la force victorieuſe de ſes diſcours, ou il l'a toujours combattue avec avantage en ſéduiſant les peuples par ſes écrits. J'ignore qu'il y ait un troiſieme moyen.

Quels ont été les diſcours des Prêtres dans les différens ſiecles de l'Egliſe? Quel eſt aujourd'hui leur enſeignement? On ne nous le dit point. M. Helvétius auroit-il donc trouvé plus facile de calomnier que de s'inſtruire? Ne pouvoit-il, ne devoit-il pas conſulter cette collection nombreuſe & ſi bien ſuivie de pieces relatives au dogme & à la morale qui annoncent de la part

des hommes célèbres qui les ont pro-
noncées le plus grand zèle & l'amour
le plus véhément de la vérité ? Chez
les Grecs, les difcours pleins d'éloquence & d'intrépidité des Chryfof-
tome, des Bafile, des Cyrille, des
Théodoret, &c. &c; chez les Latins,
ceux des Auguftin, des Cyprien, des
Léon le Grand, des Fulgence, des
Bernard, &c. &c. & ; parmi nous les
Sermons des Bourdaloue, des Maffillon,
des Cheminais, des Pere Elifée, des Boif-
gelin, des Abbé de Beauvais, &c. &c.
annoncent-ils de la part du Prêtre le
projet infâme d'éloigner la vérité du
regard des hommes ? Eft-ce donc un
moyen de fermer les yeux des peuples
à la vérité, que de la leur préfenter
fans ceffe & avec cette chaleur de
fentiment qu'elle feule fait infpirer ?
Eft-ce lorfque le Prêtre s'éleve avec
force contre l'erreur qu'on peut l'ac-
cufer de conduire les Nations dans les
voies du menfonge ? Quand le Prêtre

au milieu de la Cour des Princes qu'af-
fiege la perfide adulation, a le courage de tonner fur le crime & d'épou-
vanter la confcience des coupables,
trahit-il alors les intérêts de la vérité?
Lorfqu'on a vu dans tous les âges du
Chriftianifme, les Prêtres livrer leur
liberté aux chaînes des tyrans & placer leurs têtes fous le glaive des bour-
reaux pour maintenir la pureté des
mœurs & l'intégrité de la Doctrine,
étoit ce avec l'intention d'éloigner la
vérité du regard des hommes? Telles
ont été dans tous les lieux & felon la
diverfité fucceffive des conjonctures,
les fonctions effentiellement attachées
au Sacerdoce & toujours fidelement
exercées par des hommes qui en ont été
revêtus. Où parle l'hiftoire des faits,
là doivent fe taire les déclamateurs.

Ce que les Prêtres n'ont pas fait
contre la vérité par leurs difcours, ils
n'ont pas entrepris de l'exécuter par
leurs écrits. Nous les poffédons heu-

reufement la plupart de ces écrits lumineux & favans. Quelle eſt la vertu
qui n'y ſoit pas enſeignée, exaltée, ca-
noniſée? Quel eſt le vice qui n'y ſoit
pas pourſuivi , attaqué , foudroyé?
Juſqu'aux plus légers défauts n'y trouvent-ils pas leur cenſure ? Tout ce qui
peut intéreſſer les devoirs de l'homme
& parconſéquent le ſolide bonheur de
l'humanité, n'y eſt - il pas annoncé,
clairement expliqué & fortement re-
commandé ? C'eſt toujours à Dieu ,
comme la fin derniere de toutes choſes
& le premier modèle de toute perfection, que le zèle actif de ces reſpecta-
bles auteurs rappelle ſans ceſſe chaque
individu en particulier & la ſociété en
général. Ils n'oublient & ne négligent aucuns des moyens néceſſaires. Ils ne gardent le ſilence ſur aucune qualité utile.
Où chercher ailleurs de plus excellens
moraliſtes & même des métaphyſiciens
plus profonds ? Si leurs leçons auſſi doctes qu'elles ſont édifiantes euſſent été

K iv

mieux écoutées & plus exactement sui-
vies, l'empire de la vérité s'étendroit
sans résistance sur toutes les parties de
l'univers & le regne du mensonge feroit effacé de la mémoire des hommes.
Encore une fois si M. Helvétius & ses
partisans eussent consulté de bonne-
foi les ouvrages des Docteurs de la religion chrétienne, ils auroient été sans
doute plus circonspects, moins injustes, plus véridiques, & nous auroient
épargné une discussion qui pouroit devenir beaucoup plus prolixe.

2°. » Toute lecture instructive leur
» est interdite », poursuit l'écrivain. Et
c'est devant un peuple entier de Chrétiens, qui se distingue si avantageuse-
ment par l'étendue & la solidité de ses
connoissances dans tous les genres,
que l'on ose imputer à ses Prêtres de
lui arracher des mains tous les livres
instructifs ? Mais la plupart de ces livres
ne sont-ils pas l'ouvrage même des
Prêtres, ou n'ont-ils pas été publiés

par leurs foins ? A quel excès d'indignation ne provoque pas la malice ou
plutôt l'extravagance d'un femblable
reproche ?

Quels font donc les lectures inftruc-
tives qui foient interdites aux hommes
par leurs Prêtres ? Tous les livres qui
ont quelque rapport à la perfection
des arts ne font-ils pas abandonnés à
leur choix & à leur goût ? Où font les
défenfes portées contre ces ouvrages
profonds qui traitent avec fageffe de
la Nature & de chacune de fes parties ?
Les Prêtres, comme les autres citoyens,
n'en font-ils pas fouvent & avec un
égal fuccès le fujet de leur application ? Les Prêtres fe font-ils jamais
élevés contre l'étude de l'Hiftoire,
de la Politique & de la Jurifprudence ?
Les a-t-on vus même cenfurer les Poëtes
lorfque l'honnêteté publique n'a point
défavoué leurs folles productions ? A
l'égard de la Métaphyfique & de la
Morale, ne font-ce pas les Prêtres qui

font le plus ordinairement en poffeffion d'enfeigner ces fciences à la fois fi épireufes & fi importantes? Ce font donc feulement quelques livres, d'ailleurs d'un mérite fouvent très - équivoque s'ils n'avoient celui de corrompre les cœurs & de dérégler les efprits, contre lefquels les miniftres de la religion ont exercé leur zèle avec plus ou moins de force à raifon du danger plus ou moins preffant des conjonctures. Or, je le demande, la prohibition de ce petit nombre d'ouvrages de ténèbres peut-elle autorifer M. Helvétius à foutenir que toute lecture inftructive eft interdite aux hommes par leurs Prêtres? Qu'eft devenu le caractère de la bonnefoi? A quel degré d'égarement ne conduifent pas certaines paffions? Et c'eft un Philofophe d'un grand nom qui ne rougit pas de fe rendre ainfi coupable d'avoir offenfé publiquement la vérité?

3°. » Le Prêtre craindra toujours, » continue l'auteur, que des hommes

» éclairés ne renverfent un empire fondé
» fur l'erreur & l'aveuglement ». Non,
ce n'eſt point l'impulſion d'une frayeur
criminelle qui dirige les démarches du
Prêtre. S'il n'étoit chargé de l'honorable
emploi de veiller à la paix & à la fureté
de la conſcience des peuples, tout ce qui
peut la troubler exciteroit peut - être
moins vivement ſes pénibles follicitu-
des. Ce n'eſt donc pas préciſément pour
le maintien même de la religion que ſe
développe d'abord le ſentiment de ſes
craintes légitimes. Il ſait que les fondemens de cette religion ſont immuables comme les volontés de ſon divin
inſtituteur. Depuis dix-huit ſiecles des
hommes fameux n'ont-ils pas, de même
que les ſophiſtes de nos jours, eſſayé
inutilement de les ébranler ? Au reſte,
comment ſuppoſer que le Prêtre ap-
préhende pour ſa doctrine, tandis qu'il
n'eſt occupé que du ſoin de la mani-
feſter au grand jour & de la répandre
dans tous les lieux ? Et combien d

K vj

fois n'a-t-elle pas été vigoureusement attaquée? Quels succès ont remporté ses adversaires les plus redoutables? Que l'on interroge les fastes des États catholiques, les annales de toutes les églises, & l'on apprendra quel a toujours été le terme fatal des efforts des incrédules. Est-il donc raisonnable d'enseigner qu'un empire, s'il étoit fondé sur l'erreur & l'aveuglement, soutînt avec un pareil avantage le choc de toutes les armes étrangeres & que le rayon pénétrant de la vérité n'eût pas eu le pouvoir de chasser les ombres fugitives du mensonge & de dissiper les charmes d'une vaine illusion?

4°.   « Sans amour pour les talens, le » Prétre est l'ennemi secret des vertus » humaines ». Ici, la fureur de l'écrivain ne reconnoît plus de bornes. Quels sont donc les talens utiles dont le Prêtre dédaigne l'usage? Est-ce l'Architecture? N'en emploie-t-il pas toute la magnificence dans la construction de ces édifices qu'il s'empreſſe de dédier à la Divinité ? Eſt-ce la Peinture ou la Statuaire ? L'une & l'autre ne trouvent-elles pas leur place dans les temples dont elle font le principal ornement? Seroit-ce la Poéſie ? Le Prêtre la rappelle chaque jour à ſa premiere deſtination qui eſt de célébrer la gloire & la bonté infinie du Créateur. Seroit-ce enfin la Muſique ? Mais où ſes merveilleux accords ſe déploient-ils avec le plus d'avantage que lorſqu'elle accompagne la ſainte majeſté des cérémonies de la religion ? Les Prêtres, puiſqu'ils ouvrent aux talens les portes même du ſanctuaire, ne ſont donc pas ſans amour pour eux?

5°. Ce n'eſt pas une impoſture moins révoltante d'avancer que le Prêtre eſt l'ennemi ſecret des vertus humaines. Sa doctrine, au contraire, n'eſt-elle pas toute entiere en leur faveur ? Quel Philoſophe s'eſt jamais élevé avec plus

de force contre les abus de la tyrannie , les excès de l'ambition , les manœuvres de l'injuſtice , les déſordres
du libertinage & enfin contre tous les
vices qui deſſéchent dans les cœurs les
racines de toutes les vertus? Quel mo-
raliſte a prêché avec autant de courage , de perſévérance & avec des motifs auſſi puiſſans & les vertus humaines & les vertus religieuſes qui doivent
les fortifier & les perfectionner pour le
plus grand bonheur des ſociétés ? Cette
conduite du Prêtre ſi bien ſoutenue
dans tous les lieux & dans toutes les
occurrences annonce-t-elle qu'il ſoit
l'ennemi ſecret des vertus humaines ?

C'eſt bien ici le lieu d'appliquer à
M. Helvétius les trop juſtes reproches
contenus dans le requiſitoire plein de
chaleur & de vérité que l'éloquent M.
Seguier prononça au Parlement, toutes
les Chambres aſſemblées, le ſept du
mois de Septembre dernier. » MES-

» SIÈURS.... C'étoit trop peu pour l'au-
» teur de cet ouvrage licentieux (1)
» d'attaquer l'adminiſtration & la for-
» me du gouvernement de tous nos
» Rois; il s'eſt fait un plaiſir de tour-
» ner en ridicule notre religion ſainte
» elle - méme. Il ſemble imputer aux
» Miniſtres de l'Évangile des troubles
» dont il ne faut peut-être chercher la
» ſource que dans cet eſprit d'indé-
» pendance répandu dans tous les États.

» N'en doutez pas , Meſſieurs , la
» diviſion qu'on voudroit élever , &
» qui ne ſubſiſtera jamais entre les Mi-
» niſtres des autels & les dépoſitaires
» de l'autorité royale; ce ſyſtéme de
» rivalité que les ennemis des uns & des
» autres ont prétendu leur faire adop-

-----

(1) Il eſt intitulé *Diatribe à l'auteur des Ephémérides.* C'eſt une Satyre auſſi mépriſa-
ble que fanatique attribuée à un homme
célèbre.

» ter ; cette diverſité d’opinions qu’on
» a vu quelquefois, mais qui n’intéreſſe
» que le corps politique de l’État , doit
» être enviſagée comme la cauſe cachée
» de tous les malheurs que la France
» a éprouvés. La religion eſt un des
» principaux liens de la ſociété ; on
» ne peut l’avilir ſans altérer le pre-
» mier motif de l’obéiſſance des peu-
» ples ; & du moment que la religion
» eſt expoſée au mépris, on oublie
» aiſément le reſpect que l’on doit à
» ceux qui ſont chargés par état de
» l’annoncer & de la défendre.

» Le moment eſt arrivé où le Clergé
» & la Magiſtrature doivent ſe réunir,
» &, par un heureux accord, écarter
» les atteintes que des mains impies
» voudroient porter au Trône & à
» l’Autel. Les Magiſtrats, en veillant à
» la tranquillité publique, & en ren-
» dant la juſtice aux citoyens, feront
» en même tems reſpecter nos ſaintes
» écritures, nos dogmes ſacrés, nos

» divins myſtères & les ſucceſſeurs des
» Apôtres, qui ſont dépoſitaires de la
» doctrine & juges de la foi; les Mi-
» niſtres de l'Egliſe, à leur tour, en an-
» nonçant la parole de Dieu, & en
» inſtruiſant les fidèles, feront reſpec-
» ter l'autorité des loix, entretiendront
» les peuples dans la ſoumiſſion qu'ils
» doivent à leur Souverain, & leur ap-
» prendront à regarder les oracles de
» la juſtice comme une portion de la
» juſtice divine elle - même qui veut
» qu'on obéiſſe aux puiſſances que le
» ciel a établies ſur la terre.

» Cette précieuſe harmonie, conti-
» nue le ſage orateur, bannira bien-
» tôt du milieu d'un peuple religieux
» & ſoumis, cette foule d'écrits licen-
» cieux, de brochures ſcandaleuſes,
» de libelles impies qui attaquent également-
» ment & la majeſté divine & la ma-
» jeſté royale. Les écrivains du ſiecle
» que rien n'a pû contenir juſqu'à ce

» jour, redouteront cette union tant
» defirée du Sacerdoce & de l'Empire;
» ils craindront, & les cenfures ecclé-
» fiaftiques, & les regards vengeurs des
» Miniftres de la loi. On ne les verra
» plus tourner en dérifion les allégo-
» ries facrées employées dans nos faintes
» écritures; ils ne fe feront plus un jeu
» de répandre à pleines mains ce ridi-
» cule que la gaieté françoife faifit avec
» avidité, qu'ils prodiguent au défaut
» de raifons, & qui finiroit par détruire
» l'antique croyance de nos peres, dont
» la fimplicité étoit préférable à la
» légéreté de nos principes & de nos
» mœurs.

» L'ouvrage dont nous avons l'hon-
» neur de vous rendre compte en ce
» moment, pourfuit M. Séguier, eft
» tout entier de ce genre; il ne préfente
» qu'une ironie, auffi affectée que cri-
» minelle, contre la Magiftrature & le
» Clergé; c'eft un tiffu de propofitions

» aussi déplacées que scandaleuses, qui
» n'ont peut-être d'autre but que d'ex-
» citer dans les esprits une nouvelle fer-
» mentation. Pour prévenir de pareils
» abus, nous croyons devoir proposer
» à la Cour d'enjoindre, &c. &c.

Les conclusions de M. l'Avocat Général ne pouvoient manquer d'obtenir
le suffrage unanime des Magistrats,
parce que ces vénérables patriotes
sont également pénétrés de la grande
importance des motifs qui les ap-
puyoient, soit qu'on les considere ces
motifs dans l'ordre essentiel de la religion, soit qu'on veuille les peser dans
la balance de la politique.

C'est ainsi que l'esprit du Sacerdoce
& l'esprit de la Magistrature se réunissent
essentiellement pour concourir par des
moyens différens à une même fin qui est
la plus grande gloire du Souverain & le
plus parfait bonheur de ses sujets. Donc
il subsiste entre l'intérêt public & l'inté-

rêt du Prêtre & du simple fidèle le plus
heureux & le plus fage concert. Cette
vérité, qui n'auroit jamais dû rencontrer de contradicteurs, va faire le fujet
de l'article fuivant.

ARTICLE XXXIII.

Y a-t-il une vraie contradiction entre l'intérêt public & l'intérêt du Prêtre.

» UN dévot peut exceller en géo-
» métrie, en certain genre de peinture:
» mais vû la contradiction actuelle qui
» se trouve entre l'intérêt public &
» l'intérêt du Prêtre, on ne peut, sans
» inconséquence, être à la fois pieux
» & homme d'état, dévot & bon ci-
» toyen, c'est-à-dire, honnête homme ».
(T. I. p. 68).

Quoique le mépris dût être l'unique
réponse à une imputation dont la bru-
tale fausseté est si évidemment révoltante, je cede néanmoins au sentiment
de pitié que m'inspire la petite manie
de tant de petites sociétés, de tant de
petits littérateurs & de tant de petits
philosophes naissans pour qui le té-

moignage de M. Helvétius & de quelques autres perfonnages d'ailleurs cé-
èbres eft devenu , indépendamment
de tout examen , une preuve fans ré-
plique , la raifon fuprême.

Un dévot peut exceller en géométrie , dit l'auteur. C'eft d'abord convenir que la dévotion n'obfcurcit pas
la clarté des idées , qu'elle ne fait pas
perdre de vue l'enchaînement des principes , & qu'elle ne bleffe en aucune
maniere la juftelle , ni la meilleure
méthode de raifonner. Ce ne font donc
pas , de l'aveu de M. Helvétius , les
difpofitions de l'efprit qui doivent manquer à un homme pieux par cela même
qu'il eft pieux. Refteroit à conclure que
c'eft dans le cœur fur qui , à la vérité ,
la dévotion a une influence plus immédiate , qu'elle doit caufer fes rava-
ges & porter néceffairement le défordre
le plus funefte.

Vous aimerez votre prochain
comme vous-même. Voilà l'un des deux

préceptes fondamentaux du chriftianifme. C'eft fur ce tendre fentiment
d'amour pour fes femblables que font
calquées toutes les maximes de la morale évangélique. Point d'efperance,
point de miféricorde, point de falut
pour les infracteurs opiniâtres de cette
loi. Si, dans toutes les occafions,
l'homme n'eft pas difpofé à donner aux
autres hommes des marques non équivoques de fon zèle & de fa fenfibilité, il
devient dès-lors criminel, & s'il perfé-
vere dans l'inobfervance du grand commandement, fon jugement définitif eft
prononcé ; il tombe & meurt fous
l'anathéme.

De ce principe d'amour dérive une
infinité de conféquences utiles qui,
relativement aux divers objets qu'elles
atteignent, changent de dénomination
& fe réuniffent pour former ce corps
effentiel de réglemens qui tous concourent au maintien, à l'ordre, à la
Paix &, par une fuite néceffaire, au

bonheur plus parfait & à la gloire plus durable des sociétés.

Tant & de si précieux avantages qui résultent de la fidélité à observer religieusement la loi morale par excellence du christianisme annoncent-ils qu'il y ait entre l'intérêt public & l'intérêt du Prêtre une contradiction actuelle ; qu'on ne puisse être à la fois pieux & homme d'état ; que la qualité d'homme dévot exclue celle de citoyen & même d'honnête homme ?

Eh , d'où naîtroit entre l'intérêt de l'ordre public & l'intérêt de l'ordre sacerdotal cette incompatibilité actuelle que suppose si gratuitement M. Helvétius ? Si l'intérêt public est le meilleur sort possible de tous les individus dans toutes les classes de l'État, l'intérêt du sacerdoce est de même la plus grande félicité possible de tous les hommes dans toutes les conditions. Ce que les loix civiles ordonnent aux peuples pour faciliter & réaliser leur bonheur,

heur, les loix religieuſes le preſcrivent
conſtamment aux chrétiens & toujours
pour la même fin. La ſeule différence
qui ſe trouve à cet égard entre le miniſtre de la loi du Prince & le miniſtre de la loi de l'Egliſe, eſt que l'un
& l'autre n'emploient pas les mêmes
moyens. Le premier, ayant en main la
puiſſance coërcitive, doit diſcipliner
ou du moins contenir plus promptement
ment les eſprits. Celui-ci qui n'a d'autre reſſort pour remuer les ames &
toucher les cœurs que la ſimple per-
ſuaſion ne ſauroit eſperer un ſuccès
auſſi ſubit ; mais il peut ſe flatter qu'il
ſera plus volontaire & par conſéquent
plus certain & plus durable.

Diroit-on (car que ne ſe permet-
on pas de dire ?) que l'intérêt perſonnel du Prêtre n'eſt point préciſément l'intérêt de la religion ? S'il en
étoit ainſi quelquefois, ce ſeroit un
abus ſacrilége. Mais qu'en conclure
contre le ſacerdoce ? Quoi ! s'il arrive

que quelques Militaires ne placent pas
leur intérêt personnel dans les succès
des armes de la Nation & qu'il y ait
des Magistrats que leur intérêt particulier & mal entendu éloigne de la
sagesse des maximes & de la sainteté
des regles dans la distribution qu'ils
font chargés de faire de la justice, est-
il raisonnable, est-il équitable de faire
un reproche injurieux au corps entier
des Officiers & des Magistrats?

Au reste, quelle est la conduite ordinaire du Prêtre dans les places importantes qui lui font confiées? Quel
est, comme je l'ai dit ailleurs, en sa
qualité d'instituteur des peuples, son
enseignement dans les chaires de vérité? Quelles font ses représentations
à ses concitoyens dans les conjonctures difficiles? S'il est de son devoir
d'éclairer ses freres & de leur donner
des avis dans le secret, quels font les
discours qu'il leur adresse? Que l'on s'in-
forme de toute part; que l'on interroge

les citoyens de toutes les claſſes ; que l'on examine de près ce qui ſe paſſe à cet égard dans tous les lieux, & enſuite que l'on veuille prononcer de bonne-foi. Si le devoir du Prêtre eſt de déclarer la guerre à tous les vices, de les combattre & de prêcher la pratique de toutes les vertus ; ſi, Apôtre du Dieu de juſtice & de miſéricorde, il ne ceſſe de recommander aux hommes d'être ſur la terre, à l'exemple de leur pere qui eſt dans le ciel, juſtes & miſéricordieux, que peuvent donc avoir de contraire à l'intérét public & ſa doctrine & ſes fonctions ?

Si M. Helvétius entend par intérét public , l'intérêt particulier de la nouvelle Philoſophie qui , ſelon qu'il le prophétiſe , doit être un jour la religion univerſelle ; plus de doute qu'il y ait entre ces deux intéréts une contradiction actuelle qui ſubſiſtera auſſi long tems que le Prêtre ſera fidèle à conſerver dans ſon cœur l'amour de

Dieu par deſſus toutes choſes & l'amour de ſon prochain comme de lui-même.

Qu'il y ait entre la piété d'un chrétien & les diſpoſitions requiſes à un homme d'état une incompatibilité néceſſaire, c'eſt ce que l'écrivain ſuppoſe & ce qu'il ne prouve pas. Quelles ſont en effet les qualités eſſentielles à un homme chargé de l'adminiſtration des affaires publiques ? Beaucoup de pénétration & d'activité ; toujours du courage & de la patience ; un goût décidé pour le travail, &, par deſſus toutes choſes, le zèle de la vérité, l'oubli de ſa propre fortune pour s'occuper tout entier de celle du gouvernement.

La piété vraiment chrétienne exclue-t-elle des ames qu'elle inſpire & qu'elle enflamme & ces talens utiles & ces nobles ſentimens ? C'eſt encore ici à l'expérience qu'il convient d'en appeller. Non, les talens en tout genre ne

fuient point devant la piété. Charles-
Magne étoit pieux, & fon nom fera
immortel. Louis IX eft compté au
nombre des Saints & des excellens
Rois. Pafchal, Fénélon & tant d'autres
perfonnages auffi illuftres par l'étendue
de leur favoir que par la beauté de
leur génie, ont été très-recommanda-
bles par leur ardente piété & par leur
activité perfévérante à enfeigner & à
faire le bien. Qu'un homme pieux ait
du courage & de la patience, il fait
qu'en exerçant ces vertus, il remplit
un devoir que lui prefcrit & que doit
récompenfer fa religion. Difputera-t-
on à l'homme pieux l'amour du travail
& de la vérité? Il fait & il croit qu'il
eft heureufement deftiné pour l'un &
pour l'autre. Que l'homme pieux né-
glige fes propres avantages pour va-
quer plus librement à rendre meilleur
le fort des autres qui a été confié à
fes foins, quoi d'extraordinaire? N'eft-
ce pas une étroite obligation que lui

L iij

imposent les préceptes & l'exemple
de son divin Maître ? C'est de la sorte
que tous les principes d'une véritable
piété viennent se réunir d'eux-mêmes
pour former le caractère essentiel à un
homme d'état si, d'ailleurs, la providence lui a préparé une intelligence
capable de projetter & d'exécuter des
choses excellentes & sublimes.

Quelle fureur ou plutôt quel délire
a porté l'écrivain à établir comme une
chose certaine qu'on ne peut, sans inconséquence, être à la fois dévot &
bon citoyen, c'est-à-dire honnête
homme ?

Mais un dévot proprement ainsi
nommé, n'est-il pas un homme qui
apporte dans l'exercice des vertus de
la religion qu'il professe, plus de délicatesse & une exactitude plus scrupuleuse que ne le fait communément le reste
des fidèes ? Est-il donc aisé de concevoir que ce dégré éminent de perfection dans la conduite du chrétien soit

propre à corrompre ou a étouffer dans son ame les femences des vrais principes? Si les loix d'une faine morale ne commandent aux peuples que juftice, miféricorde & bienfaifance, peut-on foupçonner que l'homme qui les obferve le plus régulierement devienne par cela même injufte, cruel & ennemi de toute humanité? Si l'Evangile de J. C. ordonne de rendre à Céfar ce qui appartient à Céfar & défend l'approche des autels à quiconque ne s'eft pas encore réconcilié avec fon frere, n'eft-il pas manifefte que l'homme, qui a véritablement la foi & le zèle de fon falut, doit-être tout enfemble & le fujet le plus foumis & le citoyen le plus fociable?

Puifqu'il eft reconnu que les œuvres de charité tiennent le premier rang parmi les actions méritoires des fidèles & que c'eft dans la claffe des perfonnes les plus pieufes que la pratique en eft la plus habituelle; comment ofer refuſer aux hommes dévots les vertus les moins extraordinaires ? Hélas! Ce n'eſt gueres à l'entrée des ſpectacles, qu'aſſiégent en foule tant d'honnêtes oiſifs, où les pauvres ſe preſſent de venir expoſer le tableau de leur miſere. Ne les voit on pas, au contraire, qui s'attroupent aux portes de nos temples où ils reçoivent de la main des chrétiens, que la dévotion y raſſemble, des ſecours qu'ils ſollicitent ailleurs avec trop peu de ſuccès? Interrogez dans tous les lieux les familles indigentes, & priez-les de vous indiquer quels ſont les bons citoyens & particulierement les vrais bienfaiteurs de l'humanié : ou je ſuis grandement dans l'erreur, ou cette liſte ne ſera pas groſſie conſidérablement par les noms des phloſophes qui déclament avec le plus de bruit.

ARTICLE XXXIV.

*De la prétendue cause du peu de succès
des armes des François dans la
derniere guerre.*

» Entre les diverses causes du peu
» de succès de la France dans la der-
» niere guerre, l'on compte la jalousie,
» l'inexpérience des Généraux & leur
» indifférence pour le bien public, peut-
» être ne faut-il pas oublier la gan-
» gréne de l'imbécilité religieuse qui
» commença dès - lors à s'étendre sur
» tous les esprits ». (T. I. p. 308).

Il n'est donc aucune classe de citoyens que le haut rang & les distinc-
tions acquises puissent mettre à l'abri
des traits injurieux du philosophe moderne? A l'entendre, c'est l'inhabileté
des Généraux, c'est leur indifférence
pour le bien public qui, dans la der-

niere guerre, ont caufé ce peu de
fuccès de nos campagnes. Ce font les
de Broglie, les d'Eftrées, les Saint-
Germain, les de Caftres, les de Briffac,
les Laval, les Duras, les Dumuy,
les d'Herouville, les Marbœuf, les
Mailly, les Sainte Croix, les de Vaux,
les Roquepine, les la Chaftre, & tant
d'autres célèbres Officiers qui ont,
avec une bravoure & une fermeté fi
décidée, répandu leur fang & expofé
leur vie pour le falut & la gloire de
leur patrie dont il fe permet de déchi-
rer l'honneur & la réputation. Il eft
évident que l'enthoufiafme de la nouvelle philofophie éteint dans les ames
qu'il faifit à un certain degré, toute ef-
pce de pudeur & le fentiment de toute
juftice. Et n'eft on malheureux dans le
choc des armes que parce que l'on
manque d'expérience ? N'eft il pas arrivé aux plus habiles Capitaines d'a-
voir été trompés par un concours fingulier de circonftances qu'ils ne de-

voient , ni ne pouvoient prévoir ? Est-
il donc suivant la raison & selon les
loix de l'équité, de rejetter sur une prétendue disposition réfléchie de la part
de celui qui commande un évènement
fâcheux , la perte d'une bataille ? Comment, sans être livré aux agitations
de la plus noire frénéfie, former &
plus encore publier à haute voix des
foupçons auffi atroces ? Quelle coupable arrogance à un écrivain d'appeller
ainfi à fon tribunal les hommes confidérables de l'état & de prononcer ou-
vertement contre leur mérite & leurs
vertus d'après fes petites vues, d'après
fes petits préjugés & quelques bruits
populaires ? Voilà néanmoins la méthode très familiere de M. Helvétius.
Tout le choque dans le miniftère du
Prêtre : tout l'offenfe dans l'exercice
des fonctions du magiftrat: tout le révolte dans la conduite du militaire.
S'il montre plus d'indulgence à l'égard

du peuple, qu'on ne s'y méprenne pas; il fuit fes principes; il le méprife.

Quelque répréhenfible que paroiffe aux yeux de l'auteur la maniere d'opérer de nos Généraux dans la derniere guerre, il ne prétend pas toutefois les rendre feuls refponfables de tout le mal. C'eft dans les difputes de religion qu'il faut encore en chercher le principe. Jufqu'ici cette caufe finguliere de nos malheurs n'avoit point été devinée. Qui eût jamais imaginé que c'eft parce qu'il y a eu à Paris quelques moribonds auxquels on n'a point adminiftré les derniers facremens; que c'eft parce que le Parlement a fait publier quelques Arrêts; que quelques Prêtres ont été mis en fuite; que quelques Prélats ont donné des mandemens; que c'eft parce que quelques fanatiques ont été renfermés à Bicêtre & que quelques femmes ont plus parlé, plus crié & plus fait de bruit qu'à l'ordinaire, que les Anglois ont eû une marine plus redoutable que la nôtre, que des tempêtes ont difperfé nos vaifleaux, que la fortune s'eft déclarée contre nous dans l'Inde & que le Canada a changé de maître ? Et c'eft M. Helvétius qui a pris la peine de remplir fon gros livre de ces puérilités ridicules ? C'eft bien là le bégayement de l'imbécilité philofophique.

ARTICLE XXXV.

Du danger des fausses maximes de Morale.

» QUE j'établisse l'opinion la plus
» absurde, celle dont on peut tirer les
» conséquences les plus abominables,
» si je ne change rien aux loix, je n'ai
» rien changé aux mœurs d'une Na-
» tion ». (T. II. p. 131).

On peut croire aisément que l'auteur, dans cet article, travaille à sa propre justification. Mais est-il équitable, est-il honnête de l'entreprendre aux dépens de la vérité & au risque de porter le plus affreux désordre dans les sociétés ?

A quoi tient essentiellement le plus parfait bonheur des peuples ? N'est-ce pas à la plus grande sagesse de leurs loix & au plus haut degré de zèle qu'ils mettent à les obferver ? C'eft fur ces deux points cardinaux que roule toute l'économie morale & politique.

Sitôt que l'on eft forcé de reconnoître la vérité de ce principe fondamental, comment vouloir perfuader que l'opinion la plus abfurde, celle dont on peut tirer les conféquences les plus abominable , fi elle ne change rien aux loix, ne change rien aux mœurs d'une Nation ?

Quoi toujours des fuppofitions contradictoires ? Et quel eft le peuple de la terre où il foit poffible qu'une opinion la plus abfurde & dont on peut tirer des conféquences abominables , ne porte pas atteinte à fes mœurs fi elles font pures, & n'offenfe pas la majefté de fes loix fi un véritable amour du bien public eft le fentiment qui les a dictées.

Mais le philofophe prétend avec Machiavel, fon maître, que fi l'on ne change rien aux loix d'une Nation,

en répandant dans son sein les poisons
d'une doctrine détestable, on ne change
rien à ses mœurs. Que c'est mal connoître la nature humaine ou la juger
avec mauvaise foi !

Les loix seules suffisent - elles donc
pour rendre les hommes justes &
vertueux ? Combien de peuples qui,
avec une excellente législation, ont
été entraînés par le torrent des vices
& sont parvenus aux derniers excès
de la corruption ? Si l'attachement des
peuples à leurs loix vient à se relâcher,
le pouvoir des loix sur les peuples ne
perd-t-il pas en proportion de son efficacité ? Les loix & les mœurs dans
une Nation ne sont donc pas toujours
d'accord entr'elles.

Quelle est la cause la plus ordinaire
de la décadence des gouvernemens ?
Est-ce au changement survenu dans le
code politique qu'on doit l'attribuer?
Non, la législation subsiste la même.
C'est presque toujours la perversité des

mœurs qui a commencé le mal. Ce font des ennemis de la vertu & par conféquent de l'état qui en jettent les premieres femences. Bientôt les ames foibles font ébranlées par les exemples ou féduites par les attraits des pernicieufes leçons. Alors les préjugés légitimes difparoiffent du milieu des peuples. Les efprits font égarés par les nouvelles opinions. Les cœurs s'amoliffent & fe gangrennent. Les notions du vrai font obfcurcies. Le fentiment du jufte perd de fon activité. Le refpect pour les loix eft plus ou moins affoibli, & la Nation eft plus ou moins proche de fa ruine. Athènes, Rome & d'autres Empires qui nous font mieux connus atteftent cette trop affligeante vérité.

Il eft donc inconteftable qu'une opinion quelconque qui tend à détourner les peuples de la pratique des vertus, peut devenir une fource féconde de calamités. Ainfi une fauffe maxime de morale, si elle est enseignée avec adresse & dans de certaines conjonctures, est quelquefois capable d'opérer la plus funeste révolution. Donc toute nouveauté dans ce genre dont on peut tirer des conséquences abominables est formellement un attentat commis contre la société. Or, c'est ce qu'il falloit prouver contre Machiavel & son disciple.

ARTICLE XXXVI.

De la compatibilité de la Religion avec une bonne Morale.

» Pourquoi la plupart des hommes
» éclairés regardent-ils toute religion
» comme incompatible avec une bonne
» morale ? C'est que les Prêtres de toute
» religion se donnent pour les seuls
» juges de la bonté ou de la méchan-
» ceté des actions humaines. C'est qu'ils
» veulent que les décisions théologi-
» ques soient regardées comme le vrai
» code de la morale. Or, le Prêtre est
» un homme. En cette qualité il juge
» conformément à son intérêt. Son in-
» térêt est presque toujours contraire à
» l'intérêt public. La plupart de ses ju-
» gemens sont donc injustes ». (T. I.
page 70).

Retranchez de l'ouvrage dont je fais
l'examen ce principe, savoir que l'in-

térêt perfonnel eft néceffairement la feule caufe capable de déterminer la volonté de l'homme, & auffitôt le fyf-tême auquel il fert de bafe, eft vio-lemment ébranlé & s'écroule de lui-même.

Si la plupart des hommes éclairés, dit M. Helvétius, regardent toute reli-gion comme incompatible avec une bonne morale, c'eft que les Prêtres de toute religion fe donnent pour les feuls juges de la bonté ou de la méchanceté des actions humaines. Cette affertion fi évidemment fauffe eft-elle ici le pro-duit de l'ignorance ou de la mauvaife foi? Quel eft le maître qui ait pu en-feigner à l'auteur, contre toute expé-rience, que les Prêtres fe donnent pour les feuls juges de la bonté ou de la méchanceté des actions humaines dans le fens qu'il veut le faire comprendre? Les préceptes effentiels qui concer-nent les mœurs ne font-ils pas tout-à-fait indépendans de l'autorité du corps

facerdotal ? Si la bonté ou la méchanceté des actions humaines, font des
moralités abfolument contradictoires,
les regles qui font employées à les difcerner & à les eftimer font de même néceffairement invariables. Ainfi ni l'intérêt individuel des Prêtres, ni l'efprit
du Sacerdoce ne fauroient rien ajouter
ou diminuer aux différens dégrés de
bonté ou de malice qui caractérifent
les actions humaines.

Donc les décifions théologiques ne
peuvent être regardées, fous ce rapport, comme le vrai code de la morale qui fubfifte dans fon entier, fans
égard à ces décifions qui ne font defti-
nées qu'à en développer les conféquences & à en rappeller l'efprit dans des
cas particuliers. Les loix confignées
dans cette efpece de code ne font-elles
pas auffi anciennes & auffi immuables
que les principes de vérité & de fainteté fur lefquels elles font établies ?
S'il eft du devoir du Prêtre d'en faire

une jufte application fuivant les occur‑
rences , c'eft-là où fe borne le pouvoir
de fon miniftere. Or, faire l'applica‑
tion d'une loi n'eft pas agir fur cette
loi , mais feulement d'après cette loi.
Il eft donc manifefte que le Prêtre,
quoiqu'il puiffe être foumis comme les
autres hommes à des foibleffes humi‑
liantes, ne juge point conformément
à fes intérêts, ce que nous avons prouvé
ailleurs , & encore moins contre l'in‑
térêt public , puifque les loix , qui dé‑
clarent telle action jufte ou injufte, hon‑
nête ou malhonnête , fubfiftent par
elles-mêmes & ne font nullement affu‑
jetties à l'inftabilité des opinions par‑
ticulieres.

ARTICLE XXXVII.

Du Divorce.

« LA volonté de l'homme est ambula-
» toire, disent les loix, & les loix or-
» donnent l'indissolubilité du mariage :
» quelle contradiction ! Que s'en suit-il ?
» Le malheur d'une infinité d'époux ».
(T. II. p. 410).

*Les passions de l'homme sont aveu-
gles & impétueuses*, disent les loix, & les
loix qui veillent à la sureté des sociétés
imposent aux hommes l'obligation d'ê-
tre raisonnables & tempérans : quelle
contradiction ! Que s'en suit-il ? Le
malheur d'une infinité d'individus toujours prêts à troubler le bon ordre.
Hé bien, seroit-on recevable à faire,
à l'exemple de l'auteur, sur le libre
essor des passions ce raisonnement
qu'il adopte en faveur de l'instabilité
des unions conjugales ?

» Suppofons , continue M. Helvé-
» tius, que dans l'établiſſement d'une
» nouvelle forme de mariage, un lé-
» giſlateur affranchi de la tyrannie des
» préjugés & de la coutume, ne ſe propo-
» ſât que le bien public & le plus grand
» bonheur des époux pour objet ; que
» non content de permettre le divorce,
» il cherchât & découvrît le moyen de
» rendre l'union conjugale la plus dé-
» licieuſe poſſible ; ce moyen trouvé,
» la forme des mariages deviendroit in-
» variable parce que nul n'a le droit
» de ſubſtituer de moins bonnes loix à
» de meilleures loix... Mais comment
» n'a-t-on pas encore réſolu ce pro-
» blême important ? C'eſt qu'obſtiné-
» ment attachées à leurs uſages , les
» Nations ne les changent point qu'elles
» n'y ſoient forcées par une abſolue né-
» ceſſité ». (Id. ibid.).

Ce n'eſt par faire l'éloge des mœurs
de ſon ſiecle que d'y prêcher la nécef-
ſité de ſubſtituer l'uſage du divorce à

la loi de l'indiffolubilité des mariages. Il faut que la nouvelle philofophie compte bien peu fur l'efficacité de fes maximes pour ne propofer d'autre moyen de diminuer le nombre des coupables qu'en reftreignant celui des premiers devoirs. Eft-ce donc en travaillant à effacer la honte attachée au crime, que l'on parvient à rendre les hommes plus vertueux ? Si tous les êtres font foumis dans l'ordre phyfique à des loix communes & invariables, l'homme confidéré dans fon exiftence morale ne doit-il pas, par la même raifon, être gouverné par des principes certains, uniformes & qui ne foient pas dépendans du hazard des circonftances ? S'il en étoit autrement, ce ne feroient plus les loix qui regleroient les paffions, mais ce feroit aux paffions à qui il appartiendroit d'établir les loix. De-là qu'elle confufion dans les reglemens publics & particuliers ! Combien d'abus & de défordres qui deviendroient d'autant plus funestes qu'il n'y auroit plus désormais aucune barriere pour en arréter le cours. Tel seroit l'état déplorable dans lequel tomberoit infailliblement la société si , comme s'empressent de le demander depuis quelques années & toujours avec de plus vives instances les philosophes modernes , on abolissoit la loi qui ordonne la stabilité des unions conjugales.

Peut-on ignorer , lorsqu'on a jetté un coup d'œil attentif sur le tableau moral des peuples, que là, où la loi permet le divorce, là la sainteté du mariage est nécessairement exposée à la plus criminelle prophanation. Dans ces lieux, la vertu est dépouillée de ses plus beaux droits ; les injustices se multiplient, & les qualités essentielles du cœur & de l'esprit sont comptées pour peu de chose, parce que les parties qui contractent entr'elles des alliances se rassurent aisément par la liberté réciproque qu'elles conservent de violer la foi qu'elles se sont jurée & de manquer, selon les occurrences, à tous les articles de leur engagement. Alors le langage des passions doit-être tout puissant. Eh, quel grand intérêt l'homme auroit-il de le contredire? Sitôt qu'il reste maître de rompre le lien qu'il va former, tout ne semble-t-il pas l'inviter à n'écouter que la voix impérieuse de la volupté qui le presse de s'unir avec une personne qui lui promet un bonheur dont la durée ne peut plus être le sujet de ses inquiétudes? Dans ce système tout est donc sacrifié, sans crainte & sans remords, à la jouissance du moment. Ainsi l'homme devenu léger & volage avec impunité, s'abandonne volontiers aux premieres sollicitations d'un fol amour, aime peu néanmoins & perd jusqu'à l'heureuse habitude d'estimer l'objet de ses affections. C'est de la sorte que les mœurs publiques atteignent le dernier degré de la dépravation.

Les premiers Romains comprirent cette vérité importante. Plus fensés, plus vertueux & meilleurs politiques que les peuples leurs voifins, ils prévirent combien devoit être favorable à leur agrandiffement l'indiffolubilité de leurs mariages. Quoi qu'il y eût chez eux une loi qui accordoit au mari la faculté de fe féparer de fa femme, » perfonne, dit Valere Maxime (1), » ne fe fervit de ce droit pendant cinq » cent vingt ans. SP. Carvilius fut le » premier qui répudia la fienne pour » caufe de ftérilité. Quelque valable » que parut aux yeux de la Républi- » que le motif de SP. Carvilius, fa » conduite n'en fut pas moins blâmée » hautement. On ne penfoit pas alors » que le defir d'avoir des enfans dût » être préféré à la fainteté de la foi » conjugale ».

____

(1) Lib. II. art. IV.

Cet exemple de la singuliere vénération que porterent les anciens Romains à la dignité du mariage ne feroit-il pas capable d'ébranler la politique téméraire de nos modernes réformateurs? Puisque la stabilité des unions conjugales n'a point été regardée pendant cinq siecles comme une dure tyrannie dans un état où la liberté étoit le premier objet de tous les vœux, comment s'obstiner à nous la faire envisager sous ce point de vue? Osera-t-on dire que des sages, plus éclairés que ces grands maîtres, ont découvert un vice caché dans cette coutume que ceux-ci n'y ont point apperçu? Il est possible que l'orgueil tienne ce langage; mais il suffit pour lui imposer silence de considérer que ce fut dans les tems les plus glorieux de la République Latine que l'usage du divorce y fut unanimement proscrit.

En effet, la loi qui ordonne que les nœuds du mariage seront indissolubles,

eſt un de ces principes fondamentaux ſur
leſquels doit porter toute ſage conſti-
tution, parce qu'elle a pour fin immédiate la pureté des mœurs du citoyen,
la concorde des familles & leur profpérité. D'ailleurs, puiſque de l'aveu de
l'écrivain, la volonté de l'homme eſt
ambulatoire, c'eſt - à - dire, ſujette à
toutes les viciſſitudes poſſibles, combien n'importe-t-il pas de la fixer irré-
vocablement à un objet qui ſoit digne de lui, & par-là de réprimer la
fougue de mille deſirs paſſagers & contradictoires ? Par ce moyen toutes les
facultés de ſon ame ſont contenues dans
des bornes convenables, gardent entr'elles une exacte harmonie & demeu-
rent dans une aſſiette tranquille que la
durée du tems ne fait qu'affermir. C'eſt-
là la baſe du véritable bonheur que
l'homme peut légitimement ſe promettre
dans l'état du mariage. La loi qui au-
toriſeroit le divorce le rendroit encore
plus rare & plus difficile à obtenir.

Donc si la permission accordée aux maris de répudier leurs femmes est, par l'abus fréquent qu'ils seroient tentés d'en faire, contraire dans presque tous les cas à leur propre avantage, il est pareillement manifeste qu'elle est très-opposée aux intérêts communs de l'ordre politique des sociétés. Car que n'a-t-on pas lieu d'appréhender des suites d'une coutume qui fournit à l'homme des occasions toujours prochaines de devenir injuste & de violer impunément & dès-lors avec audace une des plus saintes loix de la nature ? Dira-t-on que des motifs frivoles ne suffisent pas pour exercer la rigueur du divorce & qu'il est nécessaire d'alléguer des causes graves & sérieuses. Telle est sans doute l'intention du légiflateur ; mais doit-on ignorer qu'en pareille circonstance il soit d'ordinaire au pouvoir de l'amour & de la haine de controuver des prétextes vraisemblables ? De - là naît un mal très-considérable, la mé-

fintelligence entre les citoyens. Comme
les parens de la femme expuliée de la
maison de son mari partagent son
chagrin & son humiliation, ils héritent
de son animosité. Le mari qui, à son
tour, cherche à justifier ses procédés,
ne manque pas de se plaindre avec
amertume & de faire éclater ses reproches. Alors les·défauts ou les vices
prétendus des deux époux font révelés
aux yeux du public à qui la passion
prend soin de les exagérer. Un scandale aff eux suit ces querelles honteu-
fes. La charité s'éteint ; les femences de
la discorde germent & se développent ;
les familles se divisent, & bien-tôt la
société ne renferme dans son sein qu'une
multitude d'oppresseurs & d'opprimés
qui le déchirent.

Si la loi qui renverse la stabilité des
unions conjugales menace sans cesse
les chefs des familles d'un très-grand
malheur, quel fâcheux préjudice ne
porte-t-elle pas encore à l'état des en-

fans ? Ou ces innocentes victimes fui-
vent la condition de leur mere répu-
diée, & alors combien ne rifquent-
elles pas de paffer une jeunefîe mifé-
rable ? On fait par une trifte expérience
que quand le pere eft haï ou méprifé,
il eft rare que la mere ait une vertu
affez courageufe pour ne rien diminuer
de la tendreffe qu'elle doit à fes fils.
Si les enfans reftent dans la maifon pa-
ternelle, ce qui paroît plus convenable, leur fort en eft-il beaucoup plus
avantageux ? L'expulfion de leur mere
ne répand-t-elle pas fur eux une forte
de confufion ? Comment n'être pas quelquefois expofé à rougir de tirer fon
origine d'une perfonne dont celui qui
avoit le plus grand intérêt d'en cacher
les défauts n'a point héfité de les di-
vulger & d'en provoquer le châtiment
folemnel ? S'il arrive que le mari re-
prenne une autre femme & qu'elle lui
donne de nouveaux héritiers, ceux-ci
plus tendrement aimés, parce qu'ils

partagent l'amour actuel du pere pour
leur mere, aggraveront encore l'in-
fortune des premiers nés. De-là le
trouble & le tourment continuel de la
petite famille.

Il n'est pas plus douteux que si la loi
accordoit aux femmes la faculté de répudier leurs maris & de contracter à
leur gré de nouvelles alliances, des
malheurs encore plus funestes vien-
droient inonder les sociétés. C'est pour
lors que s'établiroit entre les citoyens
un commerce public de foiblesses, de
vices & de déshonneur. Tout céderoit
au desir de plaire, à l'envie de séduire,
au projet de tromper & de corrompre. Le cœur des femmes, à cause de
sa sensibilité extrême, seroit continuellement dans une agitation violente.
Leur inconstance naturelle seroit sans
retenue, parce que leurs goûts pourroient varier sans cesse & se métamor-
phoser à l'infini. L'attente imaginaire
d'une meilleure condition les condui-

roit au pire état, & cette licence qui
peut-être occuperoit quelquefois agréa-
blement les jeunes perfonnes, les pré-
cipiteroit, à un certain âge, dans un
abîme profond de mifere & d'avilisse-
ment.

Ainfi de tel côté qu'on envifage la
loi qui permettroit la diffolution des
mariages, on eft forcé d'avouer qu'elle
engendreroit une foule d'inconvéniens
plus ou moins dangereux & tout-à-
fait incompatibles avec le regne de la
juftice, des bonnes mœurs & de ces
vertus fociales de qui dépendent le bonheur réel de chaque individu, le repos
& la profpérité des familles, la force &
la véritable gloire des Nations. Un légiflateur, comme le defire M. Helvétius,
qui étant affranchi de la tyrannie des
préjugés & de la coutume, permettroit
le divorce, manqueroit donc l'objet
d'utilité publique qu'il fe feroit propofé.
Le chriftianifme, plus heureux dans
fes inftitutions, en refferrant les nœuds

du mariage, les a rendus plus sacrés &
plus doux. Quoi de plus sage que d'a-
voir élevé à la dignité de Sacrement
un contrat dont toutes les sociétés ont
le plus sensible intérêt que personne
n'abuse ? Les loix de la religion sont
donc sur ce point essentiel comme sur
tous les autres articles d'accord avec
les vœux de la saine politique ? S'il
arrive que quelques époux déplorent
leur condition pénible, c'est un malheur particulier auquel le bien général
ne doit pas être immolé. D'ailleurs,
est-ce la faute de la loi si les hommes,
au lieu de rechercher la vertu & le vrai
mérite, ont la sottise de ne consulter le
plus souvent dans leurs unions que les
folles convenances imaginées par l'esprit d'orgueil ou d'avarice ?

Nous l'avons déja dit : si le divorce étoit
permis, le mariage perdroit une grande
partie de ses douceurs. Dès que le mari
& la femme ne seroient point assurés
de prolonger la durée de leur associa-

tion, leur confiance mutuelle ne feroit
jamais entiere & leurs intérêts réci-
proques se diviseroient en secret. Alors
chacun seroit tenté de donner à sa sa-
tisfaction particuliere la préférence sur
l'avantage futur de la communauté,
parce que ce dernier bien pourroit lui
échapper. La jalousie seroit encore le
fléau presqu'inévitable des époux. La
crainte habituelle qu'auroit sur-tout la
femme qu'une plus belle ou plus digne
qu'elle aux yeux de son mari ne vienne
la supplanter, empoisonneroit tous les
instans de sa vie. Dans ce système, une
femme auroit sacrifié ses plus beaux
jours aux volontés d'un homme qui pour
toute récompense l'inviteroit ou la
contraindroit de chercher un autre
époux ou d'aller pleurer sans fin une
honteuse viduité. Quel excès d'injustice ! Ainsi la loi du divorce qui rendroit infailliblement les hommes moins
heureux & plus criminels, porteroit à
la condition civile des femmes la plus

funeste atteinte, puisqu'elle les menaceroit sans cesse de tout perdre, leur
fortune, leur repos & leur honneur.

A l'égard du changement de la forme
actuelle des mariages que l'écrivain
souhaite qu'un législateur eût le courage
& le pouvoir d'introduire dans toutes ses
parties, on a lieu de penser qu'à l'exemple
de quelques Jurisconsultes modernes,
il distingue parmi les articles essentiels
à réformer, celui qui concerne les em-
péchemens de consanguinité établis
par le droit ecclésiastique, sans réfléchir qu'une loi qui favorise les liaisons
les plus saintes entre des étrangers &
qui est entre des citoyens un principe
toujours renaissant de concorde & d'a-
mour, doit être également chere & précieuse à chaque famille en particulier,
& aux corps des sociétés en général.

Car si les loix permettoient au frere
d'épouser sa sœur, au neveu d'épouser
sa cousine germaine, à l'oncle d'épouser sa niece, enfin aux très-proches

parens de s'unir à leurs proches paren-
tes, il arriveroit que les familles isolées
les unes des autres, parce qu'il n'y auroit plus le meme motif d'un intérêt
commun qui les rapprochât, se regar-
deroient réciproquement comme étrangeres & se laisseroient aller mutuellement dans un état d'indifférence auquel
le jeu des passions feroit bientôt suc-
céder le caractère de l'envie & de la
haine. C'est de cette maniere que le
zèle du bien public s'affoibliroit & que
la vie sociale feroit privée de ses plus
doux avantages.

Dire, pour autoriser un usage que
la religion & une politique bien entendue s'accordent à condamner, que les
liens du sang préparent naturellement
les alliances entre les proches, qu'ils
en garantissent la fidélité & en assurent
le bonheur, c'est peu connoître le cœur
humain & mal discerner l'origine & la
marche de ses divers sentimens. Celui
qui attache l'homme à ses parens est

l'effet de la reconnoiſſance, de l'eſtime & du reſpect qu'il leur porte, du plaiſir intérieur qu'il éprouve quelquefois de leur appartenir & toujours d'un ſaint devoir qu'inſpire la nature & que fortifie une louable éducation. Le ſentiment qui détermine au mariage n'a-t-il pas un tout autre principe? Il eſt le réſultat d'une certaine ſympathie qui ſe rencontre entre des cœurs & des caractères qui ſe laiſſent mutuellement charmer. C'eſt une conſonnance parfaite des deſirs & des volontés qui fait que deux perſonnes ſont empreſſées de ſe rechercher. C'eſt ſeulement par le moyen de tels rapports que commencent à ſe former les unions conjugales. Or, on peut, on eſt & on doit être bon parent ſans reſſentir pour ſes proches de ſemblables diſpoſitions. Ainſi les convenances que les partiſans de la nouvelle Ecole prétendent dériver de la parenté en faveur des mariages, ſont auſſi imaginaires que ſeroient funeſtes les suites auxquelles elles donneroient lieu si jamais un législateur leur croyoit sérieusement quelque réalité.

Donc la Raison d'intelligence avec l'esprit du christianisme justifie avec avantage toutes les loix principales établies pour la forme à observer dans les mariages; loix que le malheur des conjonctures rend d'autant plus néces- saires qu'elles seules sont capables, en s'opposant avec succès aux entreprises renouvellées chaque jour contre les mœurs, de maintenir le respect que tout citoyen doit à la vertu, à la justice & à l'honnêteté publique.

ARTICLE XXXVIII.

Des crimes que la loi ne punit pas.

» Tout crime non puni par la loi
» est un crime journellement commis.
» Quelle plus forte preuve de l'inuti-
» lité des religions ». (T. II. p. 129).

Quelle proposition! Comme elle est
équivoque & captieuse! La conféquence finguliere qui la fuit, & comme elle
est incohérente! Ne puis-je pas, en
adoptant la maniere de cette nouvelle
dialectique, dire à mon tour: tout
crime puni par la loi est un crime journellement commis, & m'écrier enfuite,
quelle plus forte preuve de l'inutilité
des loix.

Hé bien, cet argument vous paroî-
troit-il victorieux contre les légiflations? Vous rougiriez de le foutenir.
Pourquoi donc ofez-vous conclure de

ce que les hommes commettent des crimes non punis par la loi que la religion eſt un établiſſement inutile ? Mais les loix civiles ne puniſſent elles pas le vol, la calomnie, le parjure, le meurtre, le ſacrilege, & cependant n'a-t-on pas tous les jours la douleur de ſurprendre, au milieu de la ſociété, des voleurs, des parjures, des calomniateurs, des aſſaſſins & des ſacrileges? Que doit-on raiſonnablement en conclure? C'eſt que la malice de l'homme, portée à un degré extrême, endurcit ſon cœur, aveugle ſon eſprit, & qu'alors les loix religieuſes, de même que les loix civiles, n'ont plus à ſon égard qu'une très-foible influence & une vertu peu efficace.

Oui ſans doute, ſous l'empire de la religion, ſe trouvent journellement des prévaricateurs. Cette loi de grace, en inclinant les volontés humaines vers le bien, ne les contraint pas. L'homme conſerve toute ſa liberté, & c'eſt l'uſage qu'il fait de cette puissance qui doit ou le combler de gloire, ou le couvrir de honte.

Ainsi que le code criminel enchaîne souvent la main du scélérat qu'il épouvante, de même les préceptes divins arrétent les démarches de l'homme injuste. Sous ce rapport les loix du ciel & celles de la terre partagent à peu-près également les mémes avantages. L'utilité des unes & des autres est évidemment reconnue.

Mais, nous l'avons expliqué dans un article précédent, quelle vertu supérieure n'est pas attachée aux saintes régles que la religion prescrit? Combien d'actions secretes, dont les tribunaux ne peuvent connoître, qui sont soumises à la sévérité de ses jugemens? Si la seule pensée des récompenses & des peines après la mort répand dans les ames une frayeur salutaire ou y fait germer un louable désir, quelle plus profonde impression ne doivent pas faire encore fur le cœur de l'homme, qui n'eſt pas infenſible, le ſouvenir des bienfaits & les témoignages d'amour qu'il a reçus de l'être ſuprême ſon fou-verain légiſlateur? Ces conſidérations ſeroient-elles indifférentes? Comment ſe diſſimuler que l'eſprit de la religion, en éclairant les hommes ſur tous leurs devoirs, leur ſuggere le goût de la vertu & leur ſuſcite des remords de s'en être écartés? Donc là où régne la religion, là les bonnes œuvres doivent ſe multiplier & le nombre des crimes diminuer. L'expérience morale offre ſur ce point une preuve ſans replique.

» Il n'y a point de Philoſopie dans les Indes, dit Bayle, qui, ſur la ſim-ple lecture du Nouveau Teſtament, ne pariât vingt contre un, que ſi les chrétiens obſervent exactement les loix de leur maître, ce ſont les meilleures gens & les plus honnêtes hommes du monde; que les ſociétés qu'ils forment reſſemblent à l'âge d'or; qu'elles ſont le

fiége de la paix & de la concorde &
le régne de la vertu ; qu'on n'y prête
point à ufure ; qu'on n'y trompe point
fon prochain ; que la médifance, l'ambition, la jaloufie, l'avarice, les ca-
bales & les factions n'y paroiffent au-
cunement ; que la charité, la chafteté,
la modeftie & la bonne-foi y éclatent
d'une maniere merveilleufe ; qu'on y
eft bien plus prêt à fupporter une offenfe qu'à la faire ; que ceux qui commandent ne fe propofent que le bien
des peuples & que les fujets ne fe propofent que de refpecter leurs Souverains & qu'ils ne fortiroient pas
de l'obéiffance lors même qu'on les
gouverneroit defpotiquement. Une
fociété compofée de la forte feroit la plus douce & la plus heureufe
du monde. Ainfi quoique la principale
intention de Dieu dans l'établiffement
de la religion chrétienne n'ait été que
d'ouvrir à l'homme le chemin du ciel,
il n'a pas laiffé de la munir des inf-

stru&ions les plus néceflaires au bonheur des fociétés civiles ; car fi l'on
fuivoit fes intentions, ceux qui commandent, n'abuferoient jamais de l'autorité fouveraine & les fujets ne fe feroient jamais de tort les uns aux autres
& obéiroient toujours à leur fouverain ». *Continuation des Penfée Diverfes
fur la Comette* &c. t. 4. §. 123. 124.

De quel œil les partifans de la doctrine de M. Helvétius liront-ils ce témoignage public que Bayle rend à
l'utilité & à l'excellence fupérieure de
la religion chrétienne ? Ce qui peut,
dans cette occafion leur infpirer une
fauffe tranquillité, c'eft qu'ils favent
qu'il eft des crimes que la loi ne punit
pas.

ARTICLE XXXIX.

Du Remords.

» LE remords n'eſt que la prévoyan-
» ce des peines phyſiques auxquelles le
» crime nous expoſe. Le remords eſt
» par conféquent en nous l'effet de la
» fenſibilité phyſique ». (T. I. p. 105).

Le remords n'eſt, dites-vous, que
la prévoyance des peines phyſiques
auxquelles le crime nous expoſe? Oui,
cela peut être quelquefois dans le ſcélérat parvenu au dernier point de l'a-
veuglement & de l'endurciſſement. Il
ſemble qu'alors il ne ſauroit plus être
ému que par la crainte du cachot &
par l'appareil de la roue ou du gibet.
Mais, dans la claſſe ordinaire des hommes, le remords part d'une autre cauſe.
L'amour de l'ordre eſt un ſentiment
inné dans toutes les ames. Quiconque
viole

viole les regles de ce principe effentiel
doit éprouver en foi un trouble involontaire. Le fens intime qui avertit
l'homme de fes devoirs, eft encore occupé à lui repréfenter fréquemment &
malgré lui le tableau ou de fes né-
gligences ou de fes égaremens. Combien de tranfgreffions de loix qui al-
larment les confciences, fans toutefois
qu'elles puiffent être fuivies de peines
phyfiques ? Paul marche feul au milieu
de la nuit. Il trouve une bourfe dans fon
chemin. Il prend l'or qu'elle contient,
il laiffe la bourfe. Le bruit public lui
apprend la perfonne à qui elle appartient. Il ne la rend pas. Il n'eft point
poffible que Paul foit foupçonné du vol
qu'il a fait. Plufieurs années s'écoulent.
Il eft à l'abri de toute recherche. Cependant l'aiguillon du remords fe fait
fentir. Il rougit, il fouffre d'avoir
commis une action injufte, & auffitôt
il embraffe tous les moyens de la ré-
parer. Autre exemple. Pierre a perdu un

dévouement fans bornes à fon ami. Une heureufe occafion, qui n'eft connue que de lui, s'offre de le fervir. Pierre manque de zèle. Son ami ignore fa conduite. Néanmoins le remords s'empare de l'ame de Pierre. Le reproche qu'il fe fait de n'avoir pas été utile à fon ami eft inévitable : l'idée de fon infidélité le tourmente, & il eft forcé de concevoir une fecrette horreur pour la lâcheté de fon procédé. Ainfi que l'on foit coupable de haîne, d'envie, d'ingratitude, de perfidie, & quoi qu'il n'y ait pas lieu de prévoir de peine phyfique, cela n'empêche point qu'on ne puiffe reffentir & que l'on n'éprouve en effet tous les déchiremens du remords.

La confcience n'eft point un mot vuide de fens. Elle eft cette prompte approbation que nous ne faurions nous refufer quand nous rempliffons des devoirs, & cette fentence de condamnation que nous ne pouvons nous em-

pêcher de prononcer contre nous-mêmes lorsque nous avons le malheur de
nous en écarter. Dans le ftyle énergi-
que des livres faints: c'eft l'œuvre de
Dieu écrite dans le cœur de tous les
hommes; ce font leurs penfées qui
s'accufent ou qui s'excufent.

Ainfi la confcience où s'engendrent
néceffairement les remords, lorfqu'on
la confidere fous ce point de vue, eft
à notre ame & par rapport à notre
conduite ce que font les fens à notre
corps & par rapport à notre fanté &
à notre vie. Comme Dieu a fuppléé
par l'action rapide des fens aux lon-
gueurs inféparables de la difcuffion &
que cette belle économie n'eft déran-
gée que quand nos corps font en défordre, il en eft de même à l'égard de
la confcience qui eft la voie abrégée
du jugement. Une horreur fubite que
nous caufe l'idée du mal moral nous
tient lieu de fyftêmes, de livres, de
confeils & de cafuiftes. C'eft donc in-

dépendamment de cette prévoyance des peines physiques auxquelles le crime nous expose que le coupable peut & doit être susceptible de remords. Donc le remords n'est point en nous, comme l'enseigne M. Helvétius , l'effet de la sensibilité physique.

ARTICLE XL.

De la Gloire & des moyens de l'acquérir.

» LA gloire, comme les richeſſes,
» procure le pouvoir ; & l'on en eſt
» pareillement avide. La gloire s'ac-
» quiert ou par les armes ou par l'é-
» loquence ». (T. I. p. 240).

N'y auroit - il donc ſeulement que
deux moyens d'acquérir de la gloire ?
Ses lauriers ne croîtroient - ils qu'au milieu des camps & au pied d'une tri-
bune aux harangues ?

Mais qu'eſt-ce que la gloire ? C'eſt ,
je crois, la juſte réputation que ſe fait
dans le monde un homme par l'excellence ſupérieure de ſes talens & de ſes
qualités. Eſt - il raiſonnable de penſer
que cette excellence conſidérée du côté
de l'eſprit & par rapport au cœur ſoit
bornée ou a défendre ſes compatriotes

N iij

par les efforts d'un courage héroïque, ou à les perſuader avec le plus d'adreſſe ? Les autres vertus qui tendent directement au plus parfaꞇt bonheur de la ſociété ſeroient-elles donc comptées pour rien ?

Quoi, le zèle ardent de la juſtice, de la bienfaiſance & de la vérité ſeroit incapable de répandre l'éclat de la gloire ſur la ꞇête de ces hommes précieux qui pratiquent ces vertus pour le plus grand avantage de leurs concitoyens ? Quoi, le Magiſtrat, qui fait le généreux ſacrifice de ſon repos & de ſes veilles pour s'éclairer ſur les droits de l'innocence perſécutée & qui réuſſit à les protéger contre les manœuvres de la ruſe ou les entrepriſes de la tirannie, ne pourroit prétendre à la gloire ? Quoi, le Miniſtre des loix religieuſes, qui fait ſon unique étude & qui donne toute ſon application à la recherche des moyens les plus propres, ſelon les circonſtances, à renverſer les obftacles qui rendent les voies du falut de fes freres plus épineufes & qui a la noble fermeté de fe faire lui-même anathème pour affurer leur bonheur, ne pourroit obtenir le fuffrage glorieux des peuples qu'il inftruit & confole? Quoi, un citoyen, dont l'amour de la patrie enflamme le cœur & qui s'occupe avec fuccès à en étendre la profpérité par fon induftrie & fes travaux opiniâtres, ne feroit point fufceptible de gloire? Quoi, des femmes illuftres, qui partagent avec leurs dignes époux l'honneur de fervir heureufement & le Prince & l'État, ne pourroient fe promettre une éteincelle de gloire? Quelle opinion plus abfurde & plus décourageante fur la véritable gloire? La peine que M. Helvétius s'eft donnée d'écrire fes deux volumes eft, à la vérité, une preuve qu'il a pris le change dans la maniere dont il lui a plu de l'envifager.

N iv

ARTICLE XLI.

Du Luxe.

» L'EMPORTEMENT avec lequel la
» p'upart des moralistes s'élevent con-
» tre le luxe, est l'effet de leur igno-
» rance. Que cet emportement trouve
» place dans un Sermon : un Sermon
» n'exige aucune précision dans les
» idées. Ces ouvrages applaudis d'un
» vieillard craintif & bénévole, sont
» trop vagues, trop enthousiastes &
» trop ridicules pour obtenir l'estime
» d'un auditoire éclairé ». (T. II. page
106).

Il est aisé de justifier le zèle avec
lequel les sages moralistes s'élevent
contre le luxe. Ce n'est point parce
qu'ils sont ignorans qu'ils le condam-
nent, mais parce qu'ils sont animés de
l'amour de leur patrie.

En quoi confiste le luxe proprement dit, celui dont il est question? N'est-ce pas dans le rafinement des plaifirs & dans le goût exceffif d'une prétendue magnificence? Or, quelles caufes plus deftructives que celle-ci de tout bien moral & phyfique?

Le luxe, envifagé du côté des plaifirs, commence par affoiblir les corps, par amollir les ames & finit prefque toujours par les dégrader & les corrompre. L'expérience donne chaque jour de cette vérité la démonftration la plus claire & la plus affligeante.

A l'égard du luxe confidéré dans fes rapports avec le ton de la magnificence, quels effets funeftes ne produit-il pas dans tous les états & dans toutes les conditions? Malheur aux hommes qu'il tente & qu'il féduit! Il n'y a plus pour eux ni paix, ni repos. C'eft la foif d'une fauffe jouiffance qui les brûle, les dévore & les confume. Bien-tôt ils n'épargneront rien & ne refpecteront rien pour la contenter comme si cela étoit réellement dans leur pouvoir. Cette passion factice étant une fois développée & irritée, s'accroît à mesure qu'on veut la satisfaire & se fortifie aux dépens de toutes les autres. Jusqu'aux sentimens les plus essentiels & aux plus saints devoirs lui sont immolés. Aussi combien deviennent rares les vraies vertus parmi les amis du grand faste, & quels sont les vices qui ne s'empressent pas de leur servir de cortège?

Mais, répetent sans cesse certains fabricateurs de nouveaux systêmes politiques, le luxe est une source inépuisable de richesses dans tous les États où il regne avec une entiere liberté.

Y pense-t-on sérieusement? Eh, quel avantage réel peuvent procurer quelques richesses de plus (qui au fond ne sont point de véritables biens) à un peuple qui est nécessairement la premiere victime des maux dont il

fait paſſer le ſuperflu à des Nations
étrangeres ? Quelques étoffes, quelques
porcelaines, quelques frivolités ou bril-
lantes, ou bizarres que l'on reçoit en
échange, valent-elles la ſanté & la
vigueur des corps, l'innocence & l'hé-
roïſme des ames ?

Donc il y a tout à perdre & très-
peu à gagner dans le commerce que le
luxe a inventé, qu'il ſoutient & enſuite
qu'il anéantit.

M. Helvétius, dans cet article, auroit donc pu faire grace à nos prédi-
cateurs de beaucoup d'injures. Nommer
les Bourdaloue, les Maſſillon, les
Cheminais, &c. c'eſt repouſſer ces injures d'une maniere victorieuſe.

ARTICLE XLII.

De l'Humilité & de ses avantages.

» Q UICONQUE affecte tant d'humilité
» & s'accoutume de bonne heure à re-
» garder la vie comme un pélerinage,
» ne sera jamais qu'un moine & ne con-
» tribuera jamais au bonheur de l'hu-
» manité ». (T. I. p. 7 ;).

Si l'humilité proprement dite est
une vertu qui, en rappellant les ames
à la connoissance certaine de la nature
de leur être, allarme & confond leur
orgueil, ce vice originel qui est la
source si féconde de tous les malheurs,
il s'ensuit que l'homme, selon qu'il est
plus ou moins véritablement humble
de cœur, est plus ou moins éloigné
de troubler le repos de ses freres &
plus ou moins disposé à contribuer au
bonheur de l'humanité.

En effet l'homme qui met dans la claſſe de ſes plus ſaints devoirs de ne point s'accorder à lui même une eſtime de préférence ſur les autres, n'eſt-il pas plus près de la bienfaiſance que ne le ſont ces égoïſtes dont toutes les paſſions, continuellement en guerre avec les paſſions de leurs concitoyens, ne ſont excitées que par le deſir immodéré ou d'accroître leur fortune, ou d'étendre leur pouvoir ou d'élever ſans meſure le phantôme de leur prétendue gloire?

Pourquoi l'humilité ne pourroit elle être une vertu utile à l'homme qui vit en ſociété? Cette vertu, conſidérée ſous ce rapport, eſt-elle donc autre choſe que la modeſtie portée à un haut degré de perfection? Si on enviſage l'humilité, d'après les principes du chriſtianiſme, c'eſt une vertu, qui en inſpirant aux hommes une juſte défiance de leurs propres forces, leur ordonne de ranger leurs mérites au nombre des graces qu'ils tiennent de la pure bonté de l'Etre suprême. De cette maniere de penser dérivent deux obligations essentielles à remplir, la plus vive reconnoissance envers Dieu & l'amour le plus constant pour les hommes.

Quelle est donc la raison de M. Helvétius de vouloir reléguer dans l'obscurité de la retraite des citoyens uniquement parce qu'à des vertus & à des talens utiles, ils associeroient la persuasion intime de leur foible valeur & le desir habituel de trouver ou même de supposer dans les autres des qualités plus excellentes? Que l'on interroge l'expérience de tous les siecles, & elle nous répondra que si la vertu de l'humilité eût été mieux pratiquée, les droits des individus eussent été plus respectés. Que les hommes ayent le courage de s'examiner par les yeux de cette vertu, & bien-tôt ils seront plus pacifiques, plus traitables & moins injustes.

Pourroit-on encore ne pas reconnoitre que les hommes, devenus les plus célèbres par leurs qualités éminentes & leurs belles actions, ne tirent point leur gloire de l'éclat extérieur qui les environne? Comme ils n'empruntent point leur mérite de la pompe du siecle, ils ne perdent rien pour en être dépouillés. Tout ce qui est étranger à l'homme ne l'agrandit qu'aux yeux de la vanité. Aussi Platon, qui étoit pénétré de cette importante vérité, interdit l'entrée de sa république aux esprits superbes. Il ne veut y admettre que des citoyens qui soient humbles. C'est avec le plus grand zele qu'Epictète recommande l'humilité à ses disciples & que cette vertu est prêchée par Marc-Antonin. Quelle leçon frappante n'en donna point un jour un Empereur à ses courtisans ? Comme ils l'appelloient *le maître de la terre & de la mer*, le Monarque s'enveloppe de son manteau & se fait porter au bord de la mer. Il s'approche des flots & il dit : « la terre où je suis

» eſt à moi ; & toi mer tu es ſoumiſe
» à mon empire : je te commande de
» ne pas aller plus loin & de reſpec-
» ter ton Roi ». Les flots indociles viennent mouiller les pieds de l'Empereur
& menacent de l'engloutir. Alors le
Prince ſe tourne vers ſes courtiſans &
leur dit : » vous le voyez comme je
» ſuis le maître de la terre & **de la**
» mer ».

La principale inſtruction, que les
ſages de toutes les écoles ont donnée
aux hommes qu'ils vouloient conduire
ſurement au terme de la félicité, eſt
encore démentie ici d'un ton très-ex-
traordinaire. » Quiconque s'accoutume
» de bonne heure à regarder la vie
» comme un pélerinage, dit l'auteur,
ne ſera jamais qu'un moine & ne
» contribuera jamais au bonheur de
» l'humanité ». La propoſition contradictoire eût été une vérité inconteſta-
ble. Car qui de tous les habitans de
la terre ſont ceux qui l'ont continuel-

lement inondée de maux les plus ef-
froyables ? Ne font-ce pas ces hommes
qui y ont placé aveuglément toutes
leurs efpèrances ? Plus avides de richeffes, d'honneurs & d'autorité à mefure qu'ils fe font imaginés d'en retenir
plus long tems la jouiffance, ne les a-
t-on pas vus commettre, au mépris
des loix les plus facrées, les violences
& les forfaits les plus atroces ? Si leur
fureur s'eft toujours déchaînée contre
les citoyens qu'ils confidéroient ou
comme des rivaux ou comme des ennemis, elle n'a pas, fuivant les occafions, epargné davantage le corps
entier des fociétés. Une telle conduite
eft très-conféquente de la part de ces
hommes qui ne veulent rien appercevoir au de-là de leur état préfent. Enfin
ils agiffent ou comme s'ils ne devoient
jamais le quitter, ou comme s'il ne devoit jamais leur manquer.

Il n'en eft pas ainfi de l'homme qui
a les notions & la prudence néceffaires

pour apprécier les chofes ce qu’elles valent. Il ne recherche les biens qu’avec cet efprit de modération qu’accompagne toujours le fentiment de la juftice. S’il poffede des richeffes, il ne s’y attache point : il ne s’enorgueillit point, parce qu’il fait qu’elles font périffables. Perfuadé que la vie n’eft qu’un paffage à un terme permanent, il dirige toutes fes actions vers une fin plus noble, plus glorieufe & plus faite pour fon vrai bonheur que n’eft le plaifir de l’heure préfente qui lui échappe malgré lui. Il eft donc de fon intérêt comme de fon devoir d’agir toujours d’une maniere louable, honnête & la plus digne de l’immortalité qu’il fait un vœu continuel de mériter & d’obtenir. Un tel homme peut-il & doit-il être un membre inutile de la fociété parce qu’il y apporte peu de défauts & de grandes vertus ?

ARTICLE XLIII.

De l'Abnégation de soi-même.

« PAR quelle raison faire une vertu
» de l'abnégation de soi-même ? L'hu-
» manité est dans l'homme la seule vertu
» vraiment sublime : c'est la premiere
» & peut etre la seule que les religions
» doivent inspirer aux hommes ». (T.
I. p. 4).

Oui, l'humanité est dans l'homme
je ne dis pas avec M. Helvétius, la
seule vertu vraiment sublime, mais une
des vertus vraiment sublimes, & j'a-
joute que c'est la vertu de l'abnégation
de soi-même qui seule peut élever la
vertu de l'humanité à ce haut point
d'héroïsme qui la rend si utile & si précieuse au monde.

Qu'est-ce en effet que l'abnégation
de soi-même ? Un renoncement bien

entendu à fes propres goûts, à fes propres fantaifies, aux biens terreftres & à tous les objets capables d'occuper & de captiver notre cœur fans pouvoir le remplir. Un tel renoncement, qu'éclairent les rayons de la fageffe, combien n'eft-il pas propre à infpirer à l'homme cette vive ardeur d'un noble courage qui le difpofe aux travaux & aux actions extraordinaires? N'eft-ce donc pas cette vertu de l'abnégation de foi-même qui, après avoir préparé l'ame de ces perfonnages fi juftement célèbres à braver les plus grands périls & à foutenir les plus rudes tourmens pour le falut de leurs freres, leur commanda de s'oublier eux-mêmes pour fe dévouer d'une maniere plus parfaite à l'honneur, à la profpérité & à la gloire de leur patrie? Sans ce renoncement formel à fa propre fatiffaction préfente, quel motif affez puiffant auroit opéré ces prodiges d'un zèle & d'un amour fi défintéreffé? Une

religion qui ordonne de prêcher l'excellence de cette vertu est donc bien
louable d'en ranger la pratique dans
la claſſe de ſes premiers devoirs.

Si, d'ailleurs, cette abnégation de
ſoi même, qui n'eſt autre choſe que la
préférence que l'homme donne au culte
de Dieu & à l'avantage d'autrui ſur
ſes volontés particulieres, n'avoit pas
lieu dans mille ſituations de la vie,
helas ! l'humanité ne ſeroit bien-tôt
plus dans l'homme qu'une vertu preſqu'entierement ſtérile, puiſqu'il eſt
très-rare de pouvoir l'exercer dans la
plupart des occurrences ſans faire quelque ſacrifice ou de ſes plaiſirs, ou de
ſes ſuperfluités, ou même de ſes plus
chers intérêts & de ſon repos. Donc il
n'eſt pas exact de dire que l'humanité
ſoit la ſeule vertu que les religions doivent inſpirer aux hommes, puiſque
cette vertu, pour atteindre un certain
degré d'énergie, emprunte néceſſairement de la vertu de l'abnégation de

foi-méme une partie de fes forces & fa
plus grande efficacité.

C'eſt de la ſorte que M. Helvétius
& quelques écrivains modernes ont peu
approfondi la nature & mal étudié l'o-
rigine des vertus morales, leur développement, leur progrès & les rapports
plus ou moins éloignés qui ſubſiſtent
entr'elles. Ce ſeroit peut-être leur faire
une injure trop griéve de les exhorter
à moins réfléchir ſur eux·mêmes & à
conſulter avec plus de ſoin l'eſprit des
bons exemples.

ARTICLE XLIV.

De la Pauvreté d'esprit.

« TOUTE religion qui, dans les hom-
» mes, honore la pauvreté d'esprit,
» est une religion dangereuse ». (T.
II. p. 127).

Ici, l'écrivain cherche à frapper sur
le texte même de l'évangile un de ces
coups hardis & qu'il croit victorieux.
Le Sauveur a enseigné que les pauvres
d'esprit auront part à la béatitude céleste. Vérité importante, jusqu'alors
peu connue & encore moins bien sen-
tie & pourtant très capable d'ouvrir
lesfoibles yeux de l'homme sur les extravagances trop communes de ses or-
gueilleuses présomptions.

Mais comment cette pauvreté d'esprit, qui n'est ni la stupidité, ni la bé-
tise, ni l'ignorance, pourroit-elle ren-

dre dangereuſe la religion où elle eſt en honneur? Il eſt évident que M. Helvétius n'a point eu l'intelligence des livres ſaints. S'il eût donné à leur lecture une attention ſérieuſe, il auroit aiſément remarqué qu'il en eſt à peu près des récompenſes éternelles qui ſont promiſes aux pauvres d'eſprit, comme du jugement terrible qui eſt prononcé contre les grands poſſeſſeurs des biens de ce monde. Si tous les riches ne tombent pas ſous le fatal anathéme préciſément parce qu'ils ſont riches, mais à cauſe de l'abus criminel qu'ils ſont trop ordinairement de leurs richeſſes, de même les hommes qui excellent par leurs facultés intellectuelles ne ſont ni proſcrits, ni exclus du ſéjour glorieux des ſaints par la raiſon qu'ils ont beaucoup d'eſprit, mais parce qu'il arrive le plus ſouvent qu'ils en trahiſſent la deſtination par un emploi funeſte qui les rend coupables. C'eſt donc moins la choſe qui

eſt

eft un mal que ne font les abus qui s'y attachent & qui gouvernent les paſſions humaines.

Au reſte, qu'eſt-ce que la pauvreté d'eſprit proprement dite ? C'eſt ce ſentiment intime qu'ont les hommes ſages de la foibleſſe de leurs lumieres, d'où naît cette défiance raiſonnable qui combat cette vanité ſi commune des eſprits qui s'accordent une eſtime infinie parce qu'ils ſe croyent infiniment plus riches que les autres de leur propre fond. Or, cette pauvreté d'eſprit, ainſi entendue, devient la ſource des plus grands biens en écartant du commerce de la ſociété les maux les plus conſidérables. Dans ce cas l'expérience eſt la raiſon la plus puiſſante : elle eſt tous les jours ſous nos yeux.

Puiſque ces eſprits ſupérieurs ſont ſi peu d'accord entr'eux & quelquefois avec eux-mêmes ſur les points de doctrine qui paroiſſent les moins compliqués ; puiſque leurs ſyſtêmes ſont ſi

O

oppofés, leurs principes fi différens , leurs opinions fi contraires , quel nombre prodigieux d'erreurs ne doit-il pas y avoir contre quelques vérités? Et d'où peut provenir cette étrange confufion des idées? De ce que les hommes ne favent pas être pauvres d'efprit, c'eft-à-dire humbles & modeftes. Heureux s'ils avoient le courage de réfréner à propos cette curiofité avide, inquiette & défordonnée qui, en portant leur ame entiere vers mille notions frivoles, capables de la diftraire & de l'éloigner de la fcience de l'utile, defféche leur cœur, précipite leur efprit dans un cahos de ténèbres & le fait s'égarer dans des labyrinthes qui n'ont point d'iffues.

Telles font les fuites ordinaires de l'intempérance dans le defir de favoir que blâme la religion chrétienne lorfqu'elle honore cette pauvreté fpirituelle qui eft tout enfemble cette pierre dure contre laquelle viennent fe brifer tous les fyftêmes extravagans & le fléau le plus redoutable au charlataniſme dont les fauſſes lueurs ſont répandues dans le monde.

Je dois le répéter : qu'on obſerve ici (& la remarque eſt importante) que cette propoſition : *heureux ſont les pauvres d'eſprit*, &c. n'eſt point une propoſition excluſive. Par-là, les hommes qui ſurpaſſent les autres hommes en intelligence ne ſont nullement condamnés. Qu'ils aient plus d'obſtacles à vaincre pour opérer l'œuvre de leur ſalut & peut-être même leur bonheur ſur la terre & celui de la ſociété, il ſemble que l'expérience le démontre encore. L'innocence des mœurs n'eſt elle pas le plus ſouvent en raiſon inverſe de la ſupériorité de l'eſprit & de la multiplicité des connoiſſances acquiſes ? La cauſe de ce malheur n'eſt point un myſtère impénétrable. N'y a t-il pas, comme nous venons de le faire obſerver, cent erreurs contre une vérité ?

Reste donc à conclure que toute religion qui honore la pauvreté d'esprit bien entendue, n'est point une religion dangereuse, mais une religion sage, prévoyante & qui a été révélée aux hommes pour leur plus grand avantage.

ARTICLE XLV.

Qui du Ministre ou du Philosophe doit mieux connoitre le cœur humain?

» LE Ministre connoit mieux que le
» Philosophe le détail des affaires : ses
» connoissances en ce genre sont plus
» étendues. Mais ce dernier a plus de
» loisir d'étudier le cœur humain & le
» connoit mieux que le Ministre ».
(T. I. p. 62).

Qu'est-ce qu'un Philosophe ? Un ami de la sagesse ; un homme qui fait son étude des sciences utiles & qui, par un attachement sincère à la vertu qu'il pratique, consacre tous ses travaux à en étendre le domaine.

Cette définition, que je crois exacte, convient également au Ministre & au vrai Philosophe. L'emploi du Ministre ne comporte-t-il pas les mêmes objets ?

Eſt-il dirigé vers une autre fin ? Toute ſon application, tous ſes ſoins, tout ſon zèle ne tendent-ils pas à l'accroiſſement du bonheur public ? Il doit donc être inſtruit dans les ſciences utiles & les protéger, aimer la vertu, l'honorer, la récompenſer & en donner lui-même des exemples. Si tel eſt le régime ordinaire du Philoſophe ; ſi telle eſt l'occupation habituelle du Miniſtre, par quel motif ſecret M. Helvétius affecte-t-il d'élever une barriere entre ces deux profeſſions les plus nobles & les plus glorieuſes? Développons ſes raiſons.

Le Miniſtre, dit-il, connoît mieux que le Philoſophe le détail des affaires. Rien n'eſt mieux prouvé que cette ſupériorité du Miniſtre ſur le Philoſophe qui ſe borne à ſpéculer tranquillement dans ſon cabinet. Mais ce dernier, ajoute l'écrivain, a plus de loiſir d'étudier le cœur humain & le connoît mieux que le Miniſtre. Le paradoxe eſt frappant. Qui facilite la connoiſſance des

hommes ? N'eſt-ce pas l'expérience ?
En quoi conſiſte l'étude du cœur humain ? N'eſt-ce pas dans l'examen ſuivi
qu'on eſt à portée de faire de ſes différentes ſituations, de la diverſité de
ſes formes & de ſes changemens, de
ſa maniere inégale de ſentir & dans
le calcul des degrés poſſibles de ſon
énergie & de ſon activité ? Or, je le demande, un homme en place qui voit
bien & qui tous les jours eſt aux pri-
ſes avec les paſſions & les préjugés de
tous les caracteres, de tous les âges,
de tous les états & qui eſt éclairé par
l'intérêt comme par le devoir ſur les
mouvemens de toutes les heures, n'a-
t-il pas incomparablement plus de
moyens de mieux juger l'homme & ſes
facultés que ne ſauroit faire le ſage
qui, dans une ſphere d'ordinaire très-
reſſerrée, étudie le monde & les êtres
qui l'habitent dans quelques volumes &
puis ſe livre à des méditations, rêve
à ſon aiſe & bâtit un ſyſtéme moral.

O iv

Si M. Helvétius a voulu plaider ici la caufe de la philofophie, il a manqué fon but. Bien loin de la féparer du miniftè e, fon plus brillant avantage eft de devenir plus utile aux peuples lorfqu'elle eft affife fur le trône & qu'elle eft invitée à fe trouver dans le Confeil des Rois. Heureufement nous nous flattons d'être placés dans ces conjonctures fi précieufes à l'humanité où l'expérience, dont je reclame les leçons falutaires, rectifiera la maniere de penfer & la méthode d'écrire des Philofophes modernes.

ARTICLE XLVI.

De l'esprit & du caractère du Peuple françois.

» Pourquoi, difent les étrangers,
» n'apperçoit-on d'abord dans tous les
» François qu'un même efprit & un
» même caractère, comme une même
» phyfionomie dans tous les négres?
» C'eft que les François ne jugent &
» ne penfent point d'après eux, mais
» d'après les gens en place : leur ma-
» niere de voir par cette raifon doit
» être affez uniforme... L'ignorance des
» François, l'inquifition de leur police,
» le crédit de leur Clergé les rend en
« général plus femblables entr'eux
» qu'on ne l'eft par-tout ailleurs ». (T.
I. page 234).

Il faut bien fuppofer que M. Helvétius, qui fait parler ici les étrangers
à fa maniere, a été lui-même très-

étranger à l'égard des François, puisqu'il n'a apperçu d'abord chez eux
qu'un même efprit & un même caractère. Si pourtant il eft une Nation de
laquelle on puiffe dire avec quelqu'ap-
parence de vérité que là il y a prefqu'autant de façons de penfer qu'il y a
de têtes qui penfent, c'eft affurement
de ce peuple aimable & qui eft toujours fi peu femblable à lui-même.

Comme le fol de la France produit
prefque tous les fruits de la terre, les
hommes de tous les tempérammens &
de tous les caractères y naiffent & s'y
multiplient. On fait que les mêmes
paffions ne fe développent pas précifément de la même maniere fur le ter-
ritoire fec & brûlant de la Provence
& fur le terrein froid & humide de la
Baffe Normandie.

Jufqu'aux 'oix fociales, qui ont une
influence fi directe fur les mœurs, con-
tribuent beaucoup à entretenir cette
diverfité que l'auteur refufe de recon-

noître dans les esprits françois Comment conserveroient-ils un ton uniforme tandis qu'ils font gouvernés par des maximes disparates & des coutumes souvent contradictoires? Et s'il un pays, je l'ai déja observé, où il y ait un plus prodigieux nombre de légiflations qui, d'ailleurs, ont fans doute chacune leur motif d'utilité, quoi qu'elles foient si peu d'accord? Chaque province fuit fes ufages, y eft fingulierement attachée & les préfére aux ufages de fes plus proches voifins. Cette affection opiniâtre que les François portent dans les différens lieux au code particulier qui y fait la loi fuprême, annonce t-elle & le même efprit & le même caractère?

A juger de l'un & de l'autre par le régime diétique obfervé dans chaque province, par le cérémonial qu'on y garde, par le genre de plaifir qu'on y recherche, feroit-il facile de trouver

O vj

ailleurs une plus étonnante diversité de goûts & d'opinions ?

Si l'on confidere encore la conduite particuliere des différens ordres de l'État, y apperçoit-on d'abord cette prétendue uniformité de mœurs & de penfées des François ?

Au refte, eft-il probable que, chez un peuple qui, fous un climat tempéré, eft formé de la réunion des principes phyfiques de toutes les conftitutions, tous les individus s'annoncent par y montrer les mêmes defirs, les mêmes volontés, les mêmes penchans, les mêmes répugnances ? Que l'on rapproche le tableau moral & hiftorique des habitans de la Gafcogne du tableau moral & hiftorique des originaires du Maine ou de l'Anjou, & la difcordance des traits & le contrafte des nuances en diront plus que tous les raifonnemens.

Mais enfin fur quel fondement vouloir établir cette prétendue uniformité d'efprit & de caractère parmi des hommes auxquels on n'a ceffé de reprocher d'être trop vifs, trop légers, trop téméraires, trop inconftans? De tels défauts, qu'on a pris plaifir d'exagérer, ne font gueres des difpofitions naturelles à une reffemblance entre les efprits & les caractères qui puiffe jamais être comparée à celle de la phyfionomie des négres.

Si les caufes phyfiques & morales paroiffent devoir s'oppofer à ce que les François aient, même felon les apparences, le même efprit & le même caractère, c'eft tout auffi inutilement que l'auteur, pour foutenir cette nouvelle thèfe, invoque le fecours de certaines caufes particulieres.

1°. Il accufe les François d'ignorance. Or, comme entre les hommes ignorans il ne peut pas fe rencontrer de différence bien fenfible, il en conclut que les François ne font que très-peu ou point du tout différens les uns des autres, & qu'en conséquence ils ont tous la même maniere de voir.

Est-il prudent de répondre? Eh, quel est le peuple qui puisse raisonnablement disputer aux François l'égalité & même à plusieurs égards la supériorité des talens & de l'industrie? S'il s'agit de connoissances d'une utilité commune, où les arts font-ils exercés avec plus de succès qu'en France? Quant aux sciences du premier ordre, combien de doctes personnages y ont éclairé leur Nation & continuent encore de lui faire un honneur infini par les nouvelles lumieres qu'ils répandent fur toutes les branches de la saine littérature & de la vraie philosophie?

2°. Quel préjudice peut porter aux progrès des vertus & des connoissances l'administration d'une police aussi sage que prévoyante? Est-ce parce qu'elle est attentive à détourner le cours d'un livre dangereux par la perversité de ses principes qu'on lui imputera de tarir la source des bons ouvrages? Est-ce rendre un louable service à ses concitoyens que de les livrer indifféremment aux illusions de l'erreur?

3°. Est il équitable, est il raisonnable de vouloir rendre le Clergé responsable d'un effet qui même n'a pas lieu? Il est vrai que tous les Ministres de la religion travaillent ou doivent travailler avec zèle à ramener tous les hommes aux mêmes principes & à un même esprit. Ils prêchent à tous, sans distinction d'état, d'âge ni de sexe, les augustes Mystères, grands objets de leur foi, & les excellentes maximes de l'Evangile, la douceur, la justice, la bienfaisance, la modestie, la tempérance, toutes les vertus enfin qui honorent l'humanité & la rendent capable de tous les bonheurs possibles. Loin de blâmer à cet égard le crédit que peut avoir le Clergé sur la Nation, il est, ce me semble, d'une ame honnête de former des vœux pour qu'il devienne fur ce point & plus puiffant & plus efficace. Certains prétendus Phi-lofophes, il en faut convenir, y per-droient beaucoup du leur ; mais les droits de la fociété en feroient plus unanimement refpectés, parce que les devoirs effentiels de l'homme feroient pour lors mieux connus, plus aimés, & par conféquent plus exactement rem-plis. Cette forte d'uniformité dans la maniere d'agir ne feroit-elle pas une chofe très-louable & très-avantageufe ? A ce titre les François pourroient s'honorer du reproche fi mal fondé que leur fait aujourd'hui l'écrivain.

ARTICLE XLVII.

De la Raison dans les Gens de Loix.

» Dans l'esprit, comme dans le
» corps il n'est de parties fortes que
» les parties exercées. Les jambes des
» porteurs de chaises & les bras des
» bouchers en font la preuve. Si les
» muscles de la raison sont dans les
» gens de loix communément assez foi-
» bles, c'est qu'ils en font peu d'usage ».
(T. I. p. 211).

Les muscles de la raison ! Cette maniere de s'exprimer est très impropre.
Enfin l'auteur cherche à faire naître les
occasions de prêcher ses cheres erreurs
sur la nature de l'ame humaine. C'est
uniquement parce que l'homme a des
muscles, des fibres, des nerfs dans un
certain degré de force & de tension
qu'il s'opiniâtre à vouloir nous per-

fuader qu'il eft capable d'idées , de jugement & de vertu. C'eft donc à la
connoiffance qu'on n'a point encore
acquife de cet arrangement particulier de quelques principaux refforts de
notre machine qu'il entreprend de bor-
ner toutes les vérités métaphyfiques
& morales. On ne reprochera point à
cette nouvelle philofophie des vues
trop fublimes, trop profondes, trop
ambitieufes.

Mais , dit M. Helvétius , fi les mufcles de la raifon font dans les gens de
loix communément affez foibles, c'eft
qu'ils en font peu d'ufage. Eh , d'où
vient une infulte auffi grave & auffi
déplacée contre le corps entier de la
Magiftrature? Ce feroit pour les peuples un malheur effroyable s'il étoit
vrai que les gens de loix fiffent peu
d'ufage de la raifon. Quel motif peut
appuyer cette étrange inculpation?
L'auteur, qui fait lui-même peu d'u-
fage des preuves, n'auroit-il point cédé

dans ce moment à la douce impulsion d'une vengeance personnelle ? Si les Magistrats n'eussent point fait le procès au livre de l'*Esprit* ; si les Prêtres n'eussent point censuré ce trop pernicieux ouvrage ; n'en doutons pas, le sacerdoce ecclésiastique & le sacerdoce civil auroient été moins grossierement injuriés. Si M. Helvétius n'eût pas regardé ces deux ordres essentiels de l'état comme les deux premieres classes des Philosophes de la nation, il auroit montré, en parlant d'eux, plus de retenue, plus d'équité & moins d'arrogance,

Car quel excès d'injustice de publier que chez les gens de loix les muscles de la raison sont communément assez foibles ? L'étude si épineuse des loix ne suppose-t-elle pas de la part du Jurisconsulte l'exercice très-assidu de cette faculté intellectuelle qui forme la raison dans l'homme ? Quel moyen de les apprendre ces loix, d'en pénétrer le fens, de les interpréter, de les appliquer à propos fi la raifon n'eft à la fois active & laborieufe ? Comment, dans ces affaires délicates & compliquées, le Magiftrat, fans une raifon forte & éclairée, parvient-il à découvrir la vérité que les paffions & l'artifice réufliffent fi fouvent à obfcurcir & à déguifer ? Si quelques Miniftres des loix fe font rendus répréhenfibles par leur infuffifance dans l'exercice de leurs auguftes fonctions ; s'il arrive quelquefois que des formes infidieufes triomphent du bon droit, c'eft un abus particulier ; & affez ordinairement même cet abus fait un autre genre de preuve que la raifon de certaines gens de loix a été trop fingulierement raffinée. Tel Jurifconfulte n'eft pas un fot parce qu'il a trompé un homme d'efprit.

L'auteur ofe donc nous en impofer avec bien de l'audace, ou, ce qui eft moins défagréable à penfer, il a bien mal connu cet ordre également refpec-

table & utile des gens loix. Car je ne
saurois trop le répéter, quelle science
profonde & lumineuse ne requierrent
pas les fonctions difficiles de ces hommes qui balancent & jugent la fortune,
l'honneur & les destinées de leurs concitoyens ? Le fameux Montesquieu
étoit homme de loi. Le célèbre Domat,
dont le livre est le code de la raison,
étoit homme de loi. Bodin a composé
sa *République*, & Bodin étoit homme
de loi. Les Choppin, les Pithou, les
Dupuy, les Patru, les Talon, les Da-
guesseau, les Lamoignon, les Bignon,
les Molé, les Montholon, les de Mêmes,
les Malezherbes, les Joly de Fleury,
les Saint-Fargeau, les Seguier, les
d'Ormesson, & tant d'autres gens de
loix n'ont il pas illustré leur profession,
honoré leur siecle & mérité un juste
tribut de respect, d'admiration & de
reconnoissance soit de leurs contemporains, soit de nos neveux ?

Si M. Helvétius a trop peu confulté fa raifon dans cet endroit de fon ouvrage comme dans plufieurs autres, il étoit du devoir de l'éditeur de faire, en le retranchant, un meilleur ufage de la fienne. C'eft pourtant, dit-on, un de nos Philofophes extraordinaires.

ARTICLE XLVIII.

Des Grands de la terre.

» Madame Makaley, illuftre au-
» teur d'une Hiftoire d'Angleterre, eft
» le Caton de Londres. *Jamais*, dit-elle,
» *la vue d'un Defpote ou d'un Prince*
» *n'a fouillé la pureté de mes regards* ».
(T. I. p. 200).

Puiffances de la terre vous le com-
prenez ! Soyez Defpote ou Prince ;
votre préfence doit néceffairement
fouiller la pureté des regards de tous
les vrais fages. C'eft de la forte que
la nouvelle philofophie prend plaifir à
regarder du même œil les bienfaiteurs
de l'humanité & fes tyrans. Titus &
Néron , Marc-Aurele & Domitien
étoient Empereurs. C'en eft affez ; puifqu'ils ont ofé retenir une autorité fou-

veraine fur leurs compatriotes, ils ont dès-lors les uns & les autres mérité leur exécration. La haine du pouvoir doit les confondre.

Tels font les excès fcandaleux où, dans l'ordre politique comme dans l'ordre de la religion, conduit la licence effrenée de certains fyftêmes.

ARTICLE

ARTICLE XLIX.

De la liberté indéfinie de la presse.

« Gêner la presse, c'est insulter une
» Nation ; lui défendre la lecture de
» certains livres, c'est la déclarer es-
» clave ou imbécille. Cette défense
» doit l'indigner.... Le Gouvernement
» défend-t-il d'imprimer sur les ma-
» tieres d'administration, il fait vœu
» d'aveuglement, & ce vœu est assez
» commun ». (T. I. p. 317).

Quel esprit de vertige vient encore
présider aux vœux unanimes de la
nouvelle philosophie ? Ses leçons se-
ront-elles toujours contradictoires avec
les maximes essentielles de la vertu ?
Quoi ! l'on veut sérieusement nous persuader que c'est insulter une Nation
que de ne pas permettre que ses regards puissent être souillés chaque jour

par des lectures impies, indécentes &
dangereuses? Quelle forte de liberté
ou plutôt quelle affreufe licence l'é-
crivain ôfe reclamer ? Quelle horrible
difpofition de cœur, fi M. Helvétius
étoit plus conféquent, n'annonceroit
pas le fouhait qu'il forme que l'impreffion de toutes les fottifes & de toutes
les extravagances foit autorifée ou
du moins tolérée au gré des hommes
méchans & corrupteurs? Comment,
avec quelque pudeur, s'élever contre la
fageffe de ces reglemens qui rendent
vaines les tentatives artificieufes du
rebelle, ou qui préviennent l'action de
ces poifons fubtils & violens qui menacent fans ceffe, dans un corps politique, d'attaquer & de gangréner
les ames ? Eft-ce un citoyen, eft-ce un
ami de l'humanité qui a pu écrire que
de pareilles loix doivent indigner le
public ? Que font devenus les vrais
principes ?

Hé bien ! foit. Suppofons que l'on

accorde la liberté indéfinie de la preſſe. A combien de maux extrêmes les peuples ne ſe trouvent-ils pas néceſſairement expoſés ? Puiſque tous les hommes n'ont pas toutes les qualités du cœur au même degré, ni préciſément les mêmes diſpoſitions d'eſprit, qu'ils ne peuvent recevoir la même éducation, que leur intelligence & la trempe de leur jugement ne ſont point les mêmes, ils ſont par conſéquent plus ou moins foibles, plus ou moins tardifs dans leur maniere d'appercevoir, de ſentir &, par une ſuite inévitable plus ou moins ſuſceptibles d'être ſéduits par de fauſſes doctrines, ou égarés par les lueurs douteuſes de quelques illuſions paſſageres. C'eſt alors que l'enthouſiaſme du novateur ou l'éloquence de l'ambitieux ſuffiroit pour échauffer les têtes & répandre dans le corps des ſociétés les germes de certaines paſſions dont le développement ne pourroit manquer d'y exciter des troubles & peut-être d'en provoquer la ruine.

Si l'on permet d'imprimer & en conséquence de lire indifféremment tous les livres, que devient le respect profond qui est dû à l'auguste vérité, & que deviennent les justes égards qu'exige l'honnêteté publique? Le pere de famille pourroit donc voir avec tranquilité & sa femme & ses filles puiser dans des ouvrages libertins des maximes destructives de tous les devoirs qu'imposent la fidélité & la pudeur? Le Magistrat seroit donc forcé de garder le silence sur ces écrits pleins de malice & de ruse qui sappent les fondemens de toutes les loix & dont le principal objet est de faire, de tout citoyen, un ennemi de sa patrie? Dans quelle affreuse convulsion ne tomberoient pas infailliblement tous les membres de tous les ordres de l'état? Quoi! les personnes chargées du pesant fardeau de l'administration pourroient permettre qu'on publiât des principes capables d'ébranler leur autorité, en attaquant les loix légitimes fur lefquelles elle eft établie ? Quelle démence ! Le peuple, de fon côté, pourroit-il ne pas craindre que l'on accrédite des maximes funeftes qui tendroient à l'affujettir aux paffions violentes d'un maitre qui croiroit ne devoir reconnoître que lui-même pour juge abfolu de fes impérieufes volontés? Quel abus de la puiffance ! Et cette mere affligée de la mort de fon fils unique pourroit-elle voir avec indifférence les foins perfides qu'on prendroit pour lui ravir le feul moyen de fe confoler que lui donne la douce perfuafion où elle eft que cet enfant, qui fait couler fes larmes, repofe dans le fein du bonheur? Et ce malade n'a-t-il pas un intérêt réel à ce que l'on ne fubftitue pas une erreur accablante à une vérité qui adoucit la rigueur de fes fouffrances? Tout l'univers a donc les plus preſſans motifs de conjurer les chefs des Nations de ne pas permettre l'enſeignement de doctrines contradictoires qui vont lui être funeſtes.

Je le répete encore : la liberté indéfinie de la preſſe eſt-elle accordée ; bientôt il n'y aura plus ni ſûreté, ni honneur dans la ſociété puiſque des libelles calomnieux pourront l'infecter ſuivant les deſirs atroces de l'envie & de la vengeance. N'apperçoit-on pas , dans ce ſyſtéme de licence, un doute univerſel qui s'éleveroit ſur toutes les parties des ſciences utiles & un nuage de confuſion qui menaceroit d'obſcurcir toutes les idées? Alors quel moyen de bien diſcerner les vrais principes au milieu de cet étrange conflit d'opinions de toutes les formes & de toutes les couleurs que la vanité ou l'intérêt s'empreſſeroient de produire au grand jour?

D'ailleurs (je l'ai déja obſervé) comme la majeure partie des membres d'une nation eſt incapable par elle - même d'examiner, d'apprécier, de juger, &

que l'erreur la plus dangereufe offre quelquefois des attraits que des cir-conftances particulieres ou des paffions momentanées rendent très - puiffans, il s'enfuit que le vrai & le faux, que le jufte & l'injufte pourroient avoir pareillement des zélateurs. L'impie au-roir fon code, ainfi que l'homme reli-gieux a le fien. Le rebelle, comme le fujet fidèle, allégueroit des motifs pour juftifier fes démarches & trouveroit comme lui des apologiftes. Les loix & les mœurs, qui feroient tout à la fois attaquées & défendues, perdroient in-failliblement de leur énergie & de leur pureté, & bientôt elles n'auroient par-mi les hommes d'autre vertu que celle qui leur feroit communiquée par l'im-pulfion actuelle du befoin.

Une derniere demande que je fais à M. Helvétius, qui vante fi à propos les avantages d'une bonne éducation, c'eft de m'apprendre quels font, dans cette hypothèfe d'une liberté effrénée, les fruits qu'on pourroit efperer d'en recueillir ? Eft-il raifonnable de fe flatter qu'elle réfifteroit longtems à tous les efforts, à tous les fophifmes & à tous les ftratagêmes de la perverfité, fi une fois un pouvoir indéfini étoit accordé au méchant de mettre tout en œuvre dans fes écrits pour en contrarier les premieres habitudes, en combattre les premiers principes & en effacer les falutaires impreffions ?

Plufieurs célèbres Métaphyficiens ayant traité d'une maniere favante & profonde les quatre articles fuivans, & plus particulierement les deux derniers, j'aurois pu fans doute me difpenfer de répondre à d'anciennes objections que s'eft plû à reproduire fous un nouveau jour M. Helvétius. Cependant la crainte que quelques lecteurs ne me reprochent d'avoir négligé des thèfes effentielles, m'a déterminé, avant de finir, à en faire au moins un examen fommaire.

ARTICLE L.

De l'Ame.

» NI la penſée, ni l'eſprit ne ſont
» néceſſaires à l'exiſtence de l'ame.
» Tant que l'homme eſt ſenſible, il
» a une ame. C'eſt donc la faculté de
» ſentir qui en forme l'eſſence ». (T.
I. p. 85).

Comme on ne peut pas conclure de
ce que la matiere eſt étendue tant
qu'elle exiſte, que l'étendue forme préciſément l'eſſence de la matiere , de
même il n'eſt pas raiſonnable d'affirmer que la faculté de ſentir conſtitue
l'eſſence de l'ame humaine , parce que
l'homme a une ame tant qu'il eſt ſenſible.

Comment prétendre qu'un ſimple
mode ou un ſeul attribut quelqu'il ſoit
ſuffiſe à l'eſſence d'un ſujet quand la
nature de ce ſujet comporte la poſſi-

bilité de différentes modifications , &
que fon exiftence fuppofe néceffairement l'affemblage actuel de plufieurs
attributs ? Telle eft l'ame confidérée
dans fon effence. Telle eft la matiere
envifagée comme fubftance.

S'il en étoit autrement, l'effence de
la matiere ne feroit plus un myftère
difficile à pénétrer. Sitôt que nous aurions une idée diftincte de l'étendue ,
il s'enfuivroit que nous aurions celle
de fon effence ; ce qui n'eft pas. De
même , quoique tous les hommes aient
des notions intimes de leur faculté de
fentir , ils n'en cherchent pas avec
moins de peine à connoître l'effence
de leur ame. Preuve évidente que ,
quoique la faculté de fentir appartienne
effentiellement à l'ame humaine , elle
n'en forme pas pour cela l'effence.

La philofophie ne nous enfeigne-t-
elle pas que les fens ne font point les
juges de la vérité , même à l'égard des
corps , par la raifon que les qualités

fenfibles dont ils paroiffent revêtus,
font réellement étrangeres à ces mêmes corps ? Il faut donc qu'il y ait en
nous quelque chofe de fupérieur aux
fens , & par conféquent au pouvoir
actif qu'a la fenfibilité phyfique de s'é-
xercer, qui juge de leurs rapports &
de leurs attributs. Or, cette faculté
d'un ordre fupérieur ne fauroit être
confondue avec la fenfibilité qui n'en
eft que l'effet. Donc ce n'eft point la
fenfibilité de l'homme qui conftitue
l'effence de l'ame humaine.

Et que doit-on entendre par ce
mot *Effence?* C'eft ce par quoi un fujet
exifte néceffairement dans toute fon
intégrité. Or, ce qui prouve encore
que la fenfibilité dans l'homme ne
conftitue pas l'effence de fon ame,
c'eft que l'on conçoit que la faculté
de fentir n'eft point identiquement la
faculté de percevoir, la faculté de penfer, de juger , d'imaginer, &c. C'eft
donc de la réunion de ces différens at-

tributs ou de ces diverses facultés qui nous paroissent très-distinctes les unes des autres dans un même sujet, qu'est formée l'essence de l'ame humaine. Donc, quoiqu'il soit vrai de dire que tant que l'homme est sensib'e, il a une ame, on ne sauroit en conclure que cette sensibilité forme l'essence de son ame.

Si d'ailleurs il est d'une expérience commune que la faculté de sentir soit tantôt foible & engourdie & tantôt très-forte & très-active, ne s'ensuit-il pas qu'elle change selon les états particuliers de l'homme & qu'elle se perfectionne ou s'altère à raison de ses dispositions accidentelles? Mais l'essence de l'ame, comme celle de tous les êtres, est nécessairement invariable. Elle ne connoît pas le plus ou le moins. Autrement il pourroit se faire que les essences fussent incomplettes; ce qui implique contradiction.

Au reste, si l'on confondoit l'essence

de l'ame avec la senfibilité, il s'enfuivroit que les hommes qui naîtroient
fans avoir la capacité actuelle de voir,
d'entendre, de goûter, &c. auroient
moins d'ame que les hommes qui feroient pourvus de la faculté très libre
& parfaite de ces fens. Ainfi le degré
de fenfibilité feroit la mefure de l'ame;
ce qui n'eft pas admiffible.

Une derniere preuve que la faculté
de fentir ne conftitue pas véritablement l'effence de l'ame humaine, c'eft
que l'ame agit fur les objets, les voit,
les compare, les juge & en eft affectée, quoique ces objets ne foient pas
réellement préfens. Or, dans ce cas,
quelle caufe immédiate peut mettre
en action cette faculté de fentir? Ce
ne font point les objets qui la meu-
vent, puifque, dans l'hypothèfe, ils
n'exiftent pas pour elle. C'eft donc un
autre principe qui communique une
énergie quelconque à cette faculté.
Donc le premier principe de la fenfi-

bilité n'eſt pas une même choſe avec la faculté du ſentiment. Il eſt au moins vraiſemblable que c'eſt l'ame qui rend cette faculté agiſſante ou qui agit de telle maniere par le moyen de cette faculté.

Reſte à conclure que la faculté de ſentir n'eſt pas plus néceſſaire à l'exiſtence de l'ame que la faculté de concevoir, de penſer, de juger, d'imaginer, &c. C'eſt donc de la réunion de ces attributs eſſentiels dans un même ſujet qu'eſt formée l'eſſence de l'ame humaine.

ARTICLE LI.

De la diſtinction de l'Ame & de l'Eſprit.

» L'AME exiſte en entier dans l'en-
» fant comme dans l'adoleſcent. L'en-
» fant eſt, comme l'homme, ſenſible
» au plaiſir & à la douleur phyſique;
» mais il n'a ni autant d'idées, ni par-
» conſéquent autant d'eſprit que l'a-
» dulte. Or, ſi l'enfant a autant d'ame
» ſans avoir autant d'eſprit, l'ame n'eſt
» donc point l'eſprit. En effet ſi l'ame
» & l'eſprit étoient un & la même
» choſe, pour expliquer la ſupériorité
» de l'adulte ſur celle de l'enfant, il
» faudroit admettre plus d'ame dans
» l'adulte & convenir que ſon ame a
» pris une croiſſance proportionnée
» à celle de ſon corps; ſuppoſition ab-
» ſolument gratuite & inutile lorſqu'on
» diſtingue l'eſprit de l'ame ou du prin-
» cipe de vie ». (T. I. p. 82).

Que l'ame exiſte en entier dans l'enfant comme dans l'adulte, rien de plus certain. Que l'enfant ſoit, comme l'homme, ſenſible au plaiſir & à la douleur phyſique, c'eſt encore une vérité démontrée. Que l'enfant n'ait point autant d'idées, ni par conſéquent autant d'eſprit que lorſqu'il ſera parvenu à l'âge où l'on doit réfléchir, c'eſt une propoſition qu'on ne ſauroit contredire. Mais conclure de ce que l'enfant a autant d'ame ſans avoir autant d'eſprit, que l'ame n'eſt point l'eſprit, c'eſt une inexactitude dans la façon de s'exprimer & une maniere très ſinguliere de tirer des conſéquences.

1°. Puiſque l'ame eſt un être ſimple & indiviſible par ſa nature, eſt-ce parler correctement que de vouloir faire entendre qu'un individu puiſſe avoir abſolument plus ou moins d'ame? Où eſt le philoſophe qui ait traité de l'ame & qui n'ait pas reconnu que les ames humaines, quelque opinion qu'il eût de leur effence , étoient toutes femblables dans leur origine & au moment où elles animent les corps. L'auteur n'a point entrepris de prouver le contraire , ce qu'il eût dû faire avant de prononcer fur cet article.

2°. De ce que l'enfant & l'adulte ont une ame effentiellement femblable , comment s'enfuit-il que l'un & l'autre doivent avoir précifément autant d'efprit , ou que l'ame n'eft point l'efprit ? Ici la méthaphyfique de l'auteur eft en défaut.

L'ame & l'efprit ne font point deux êtres réellement diftincts. L'efprit n'eft qu'un attribut de l'ame. L'ame contient en foi l'efprit, la perception , l'imagination, le jugement, &c. autant de facultés qui lui appartiennent. C'eft l'ame qui voit, qui réfléchit, qui juge , qui imagine. L'efprit eft comme l'œil de l'ame. C'eft *l'appercevance des chofes*; c'eft ce par quoi les idées fe forment. La faculté judiciaire les compare , l'imagination les embellit ou les défigure. Si l'ame de l'enfant paroît & eft en effet moins fpirituelle que l'ame de l'adulte, dans ce fens qu'elle a moins d'idées, c'eft que l'exercice de l'ame, à raifon de la force ou de la foibleffe des organes phyfiques, eft plus ou moins développé dans ces fujets. A l'égard de la caufe, elle eft abfolument la même quoique les effets varient.

Il n'eft donc point néceffaire, comme le prétend M. Helvétius, pour expliquer la fupériorité de l'adulte fur celle de l'enfant, d'admettre plus d'ame dans le premier, ce qui feroit une erreur groffiere; ni de convenir que fon ame a pris une croiffance proportionnée à celle de fon corps, ce qui feroit une fuppofition auffi gratuite & auffi condamnable que le fyftême du matérialifme qui y donne lieu.

ARTICLE LII.

De l'immortalité de l'Ame.

» L'HOMME veut être immortel & se
» croiroit tel , si la dissolution de tous
» les corps ne lui annonçoit à cha-
» que instant la vérité contraire. Forcé
» de céder à cette vérité , il n'en de-
» sire pas moins l'immortalité. La chau-
» diere du rajeunissement d'Eson prouve
» l'ancienneté de ce desir. Pour le per-
» pétuer , il falloit du moins le fonder
» sur quelque vraisemblance. A cet effet
» l'on composa l'ame d'une matiere ex-
» trêmement déliée , on en fit un atôme
» indestructible survivant à la dissolution
» des autres parties , enfin un principe
» de vie ». (T. I. p. 175).

Si toutes les écoles eussent enseigné
l'opinion désesperante du matérialisme ,

& que ſes affreux principes euſſent cor-
rompu la croyance de tous les hommes, ce qu'écrit M. Helvétius ſur l'immortalité de l'ame ſeroit raiſonnable.
Mais on ſait qu'un des argumens victorieux des vrais ſages contre la ma-
térialité de l'ame humaine eſt pris de
ce deſir même de l'immortalité qui eſt
généralement ſenti, qui germe & ſe
développe au fond de tous les cœurs.
Puiſque tous les corps ſe diſſolvent &
périſſent, l'ame qui doit leur ſurvivre
n'eſt donc pas de la même nature
qu'eux? Cette importante vérité a été
mille fois diſcutée & prouvée d'une
maniere à ne pouvoir y réſiſter.

«Un Philoſophe, dit Bayle, qui croit
qu'il y a des corps qui penſent & des
corps qui ne penſent pas (ſyſtéme que
doivent adopter tous ceux qui nient
la ſpiritualité de l'ame proprement
dite ; raiſonne-t-il conſéquemment? Je
ſoutiens que non, & que quiconque

s admet une fois que, par exemple, un
assemblage d'os & de nerfs fent & rai-
fonne, doit foutenir, à peine d'être
déclaré coupable de ne favoir ce qu'il
dit, que tout autre affemblage de matiere penfe, & que la penfée, qui a
fubfifté dans l'affemblage, fubfifte fous
d'autres modifications dans les parties
défunies après la diffipation de l'affemblage. Je foutiens encore que les anti-
fpiritualiftes fuppofent ce qui a été
jufqu'ici inconcevable à tous les hommes, puifqu'ils fuppofent que le feul
arrangement des organes du corps humain fait qu'une fubftance, qui n'avoit
jamais penfé, devient penfante. Tout
ce que peut faire l'arrangement de ces
organes ne fe réduit-il pas, comme
dans l'horloge, à un mouvement local
diverfement modifié? La différence ne
peut être que du plus au moins. Mais
comme l'arrangement des diverfes roues
qui compofent une horloge ne fervi-

roit de rien pour produire les effets de cette machine, fi chaque roue , avant que d'être placée d'une certaine façon, n'avoit actuellement une étendue impénétrable , caufe néceffaire de mouvement, dès qu'on eft pouffé avec un certain degré de force ; je dis auffi que l'arrangement des organes du corps de l'homme ne ferviroit de rien pour produire la penfée , fi chaque organe , avant que d'être mis à fa place, n'avoit actuellement le don de penfer. Or, ce don eft autre chofe que l'étendue impénétrable ; car tout ce que vous pouvez faire dans cette étendue en la tiraillant, en la frappant, en la pouffant de tous les fens imaginables , eft un changement de fituation dont vous concevez pleinement toute la nature & toute l'effence , fans avoir befoin d'y fuppofer aucun fentiment, & lors même que vous niez qu'il y ait là aucun fentiment.

Il y a eu de grands génies qui fe font montrés un peu *trop tardifs de cœur* à croire, fur la diftinction de l'ame de l'homme d'avec le corps : mais perfonne que je fache n'a ofé dire jufqu'ici qu'il concevoit clairement qu'afin de faire paffer une fubftance de la privation de toute penfée à la penfée actuelle, il fuffifoit de la mouvoir (1), enforte que ce changement de fituation étoit, par exemple, un fentiment de joie, une affirmation, une idée de vertu morale, &c. & quand même quelques-uns fe vanteroient de conce-

––––––––––––

(1) Notez que les Péripatéticiens, en attribuant la penfée aux bêtes, ne donnent point à la matiere cette vertu, mais à une forme fubftantielle qui, felon eux, n'eft ni matiere, ni corps, & qui eft produite de nouveau dans la matiere fans être compofée de matiere.

voir clairement cela, ils ne mérite-
roient point d'être crus. Quelle abfurdité ne feroit - ce pas que de foutenir
qu'il y a deux efpèces de couleur, l'une
qui eft l'objet de la vue, & rien de
plus ; l'autre qui eft l'objet de la vue
& de l'odorat auffi ? Il eft encore plus
abfurde de foutenir qu'il y a deux efpèces de rondeur, l'une qui confifte
fimplement en ce que les parties de la
circonférence d'un corps font également
éloignées du centre ; l'autre qui, avec
cela, eft un acte par lequel le corps
rond fent qu'il exifte & qu'il voit au
tour de lui plufieurs autres corps. La
même abfurdité fe rencontre à foutenir qu'il y a deux fortes de mouvement circulaire, l'un qui n'eft autre
chofe que le changement de fituation
fur une ligne dont les parties font
également éloignées du centre, l'autre
qui, avec cela, eft un acte d'amour de
Dieu, une crainte, une efperance, &c.

Ce

Ce que j'ai dit de la rondeur par rapport à la vision se peut appliquer à toutes sortes de figures par rapport à toutes sortes de pensées, & ce que j'ai dit du mouvement circulaire n'a pas moins de force à l'égard de toutes les autres lignes sur lesquelles un corps se peut mouvoir ou lentement ou vitement. Et ainsi l'on doit conclure que la pensée est distincte de toutes les modifications du corps qui soient venues à notre connoissance, puisqu'elle est distincte de toute figure & de tout changement de situation : mais n'étant point question de cela ici, contentons-nous de conclure que, pour raisonner conséquemment, ceux qui nient la spiritualité de l'ame doivent admettre la pensée dans toutes sortes de matieres : car, sans cela, il seroit absurde de prétendre que, pourvu qu'on mît quelques veines, quelques artères, &c. les unes auprès des autres, comme les différentes pieces d'une machine, on produiroit les sentiments de couleur, de saveur, de son, d'odeur, de chaud, de froid, l'amour, la haîne, l'affirmation, la négation, &c. (Dict. Critiq. Art. *Dicéarque*, N. L.)

Ainsi le reproche, fait par l'auteur qui assure que, pour perpétuer le desir d'être immortel, il falloit du moins le fonder sur quelque vraisemblance & composer l'ame d'une matiere extrêmement déliée, en faire un atôme indestructible, &c. est donc insidieux, contraire à tous les principes d'une saine méthaphysique & ne sauroit regarder ceux qui admettent le dogme de sa spiritualité proprement dite. Les chrétiens, de concert avec les plus célèbres Philosophes de (1) l'antiquité,

―――――――――――――

(1) Les Philosophes des anciennes Ecoles ont eu, pour la plupart, des notions

n'ont pas besoin de recourir à de semblables moyens, parce que la foi &
la raison s'accordent à leur répéter que

---

assez distinctes de l'immortalité de l'ame.
» Puisque l'ame a de l'intelligence, dit
» Aristote (*lib. de Animâ*) il faut nécessai-
» rement que ce soit une substance sans mé-
» lage ou simple comme le croyoit Anaxa-
» gore ». Sextus Empericus, assure pareillement (*Adverf. Math.*) » que ce même
» sage, qui étoit un grand physicien, blâ-
» moit les sens comme trop foibles pour
» que nous puissions juger par leur moyen,
» & ailleurs il ajoute, que tout est mêlé,
» à l'exception de la pensée, qui seule est
» pure & sans mélange ». Tel étoit le sentiment de Pythagore qu'Epicharme publia
au rapport de Clément Alexandrin (*Strom.
lib. 2.*) & qui consistoit à croire » que c'est
» l'ame qui voit & entend & que les au-
» tres choses sont sourdes & aveugles ».

la nature de l'ame eft auffi éloignée de la nature des corps, que la penfée l'eft de l'étendue, & que le fentiment l'eft de la longueur & de la profondeur.

Quand vous vous chauffez la main, dit ailleurs le même Philofophe, il eft fûr que vous fentez une forte de plaifir. Si dans le même tems on approche de votre nez une odeur agréable, vous fentez une autre efpece de plaifir. Si je vous demande lequel de ces deux plaifirs vous plaît d'avantage, vous me répondrez, c'eft celui-ci, ou c'eft celui-là : vous comparez donc enfemble ces deux plaifirs & vous jugez d'eux en même tems. Si après que vous vous étes chauffé & que vous avez fenti l'odeur, je vous fais voir un beau tableau du Pouffin, fi je vous fais entendre une grande muficienne, fi je vous fais manger un potage d'un excellent cuifinier, n'eft-il pas vrai que vous pouvez dire lequel de tous ces plaiſirs a été le plus grand? Il faut donc que ce qui juge en vous ait reſ-ſenti tout cela. Ce même vous qui juge connoît ſi un plaiſir des ſens eſt plus agréable qu'une ſpéculation & choiſit entre ces deux choſes. Donc le même principe qui ſent les plaiſirs ſenſuels, ſent auſſi les ſpirituels, & juge & veut. C'eſt une preuve manifeſte que votre nez ne ſent point l'odeur & que votre main ne ſent point la chaleur, &c. car comme le nez & la main ſont deux choſes abſolument diſtinctes l'une de l'autre, il eſt auſſi impoſſible que l'une ſente ce que l'autre ſent, qu'il eſt impoſſible que nous ſentions dans cette chambre le plaiſir que ſentent préſentement ceux qui ſont à l'*Opera*. Il faut donc non - ſeulement que ce vous qui ſent l'odeur & la chaleur tout à la fois, ne ſoit point le nez & la main ; mais auſſi que ce ſoit une choſe où il n'y ait point pluſieurs parties, parce que, s'il y avoit plufieurs parties, l'une fentiroit la chaleur pendant que l'autre fentiroit l'odeur, & l'on ne trouveroit rien qui fentît tout enfemble l'odeur & la chaleur, qui les comparât enfemble & qui jugeât que l'une eft plus agréable que l'autre.

Il faut donc conclure de toute néceffité que votre ame, qui eft le principe de vos fentimens, eft un être fimple. Si elle eft fimple, elle eft indivifible, & fi elle eft indivifible, elle eft immortelle, parce qu'il ne fe fait point de deftruction naturellement que par la féparation des parties qui compofent un tout.

Ne me dites pas que chaque partie de l'ame reçoit ce que toutes les autres reçoivent: car fi, dans cette fuppofition, votre ame avoit deux parties, il y auroit en vous deux chofes qui fentiroient, qui jugeroient & qui voudroient, fans qu'il vous en arrivât plus d'avantage que s'il n'y en avoit qu'une, d'où il s'enfuit que l'une d'elles feroient entierement inutile. Outre qu'un être qui peut réunir enfemble deux plaifirs, ou un plaifir & une douleur, deux jugemens & deux volontés, doit être néceffairement indivifible.

On peut dire fans hyperbole que cette démonftration eft auffi affurée que celles de géométrie ; & fi tout le monde n'en fent point l'évidence, c'eft à caufe que l'on n'a point voulu s'élever au de là des notions confufes d'une imagination groffiere.(*Rép. des L.* 1684.*A. VI.*) Je n'ajouterai rien à cet argument victorieux. Il fuffit de faire obferver combien les principes du maître font heureufement & directement contraires aux leçons actuelles de fes prétendus difciples.

ARTICLE LIII.

De la Penſée.

» IL en eſt de même de ce que l'on
» appelle dans l'homme l'idée ou la
» penſée. Ces expreſſions ſont inſigni-
» ſiantes en elles - mêmes. Cependant
» à combien d'erreurs n'ont elles pas
» donné naiſſance ? Combien de ſois
» n'a-t on pas ſoutenu dans les écoles
» que *la penſée n'appartenant pas à*
» *l'étendue & à la matiere*, il étoit évi-
» dent que l'ame étoit ſpirituelle ».
(T. I. p. 96).

Si M. Helvétius ne comprend rien
à ce que les vrais métaphyſiciens ont
écrit ſur l'ame humaine, ce motif eſt-
il ſuffiſant pour qu'il oſe affirmer qu'ils
ne nous ont préſenté ſur cet article
qu'un ſavant galimatias ?

Les mots *idée* ou *penſée*, dit - il,
ſont des expreſſions inſignifiantes en

elles-mêmes. N'en eft il pas ainfi de tous les termes ufités dans une langue, fi l'on fait une abftraction du fens que les hommes font convenus de leur attacher? Mais fi l'on doit entendre par *idée* une repréfentation fidelle & diftincte que l'ame fe fait d'un objet quelconque, le mot que défigne cette opération de la puiffance intellectuelle ne fauroit paroître ni équivoque, ni vuide de fens. Au refte quelles font donc les erreurs auxquelles ces expreffions ont donné naiffance?

On a foutenu dans les écoles, pourfuit l'auteur, que la penfé n'appartenant point à l'étendue & à la matiere, il étoit évident que l'ame étoit fpirituelle. Ce que les Philofophes ont enfeigné fur cet article eft une vérité qui, quoiqu'elle n'ait pas pour bafe le développement des fenfations phyfiques, n'en eft ni moins lumineufe, ni moins néceffaire. La penfée n'eft-elle pas un acte très fimple de l'efprit & tout-à-

fait indivifible? La matiere au contraire (& cet argument a été mille
fois répété) n'eft-elle pas un être doué
de toutes les dimenfions & dès-lors
fufceptible de la plus étonnante divi-
fibilité? Ces deux manieres de fubfifter relativement très-effentielles ne peuvent donc s'affocier dans le même fujet? Il eft manifefte qu'elles s'excluent
réciproquement & que leurs divers attributs impliquent contradiction.

Ainfi, dès qu'il eft conftant que la *penfée*, foit qu'on l'appelle *mode* ou *fubftance*, eft le produit de l'ame, il réfulte
que la penfée eft identiquement de la
même nature que celle de l'ame. C'eft
ici le cas où il eft indifpenfable de reconnoître qu'il fubfifte entre la caufe
& l'effet la plus étroite & la plus parfaite analogie. Or, puifque la penfée
ne peut appartenir à la matiere, il s'enfuit que l'ame, qui l'engendre, n'eft
point matérielle.

Suivons encore le docte raifonnement

de Bayle fur cette grande queftion. Si vous pofez une fois que l'ame n'eft point diftinéte du corps & qu'elle n'eft qu'une vertu également répandue fur toutes les chofes vivantes & qui ne fait qu'un feul & fimple être avec les corps qu'on nomme vivans, ou vous ne favez ce que vous dites, ou vous êtes obligé de foutenir que cette vertu accompagne toujours le corps ; car ce qui n'eft point diftinct du corps eft effentiellement le corps, & felon les premiers principes il y a contradiction qu'un être foit jamais fans fon effence. D'où il réfulte manifeftement que la vertu de fentir ne ceffe point dans les cadavres & que les parties des corps vivans emportent chacune avec foi fa vie & fon ame lorfqu'ils fe corrompent. Il n'y a donc point lieu de fe flatter que le fentiment ceffera après la mort & que l'on ne fera fujet à aucune peine. Si un corps eft capable de douleur lorfqu'il eft placé dans les nerfs, il l'eft auffi dans quelque endroit qu'il ſe trouve, ou dans les pierres, ou dans les métaux, ou dans l'air, ou dans la mer. Et ſi un atôme d'air étoit une fois deſtitué de toute penſée, il paroît très-impoſſible que ſa converſion dans cette ſubſtance que l'on nomme eſprits animaux le rendit jamais penſant. Cela paroît auſſi impoſſible que de donner une préſence locale à un être qui auroit été quelque tems ſans nulle préſence locale.

Ainſi, pour raiſonner conſéquemment, il faut établir ou que la ſubſtance qui penſe eſt diſtincte de la ſubſtance du corps, ou que tous les corps ſont des ſubſtances qui penſent, attendu que l'on ne ſauroit nier que les hommes n'aient des penſées : d'où il s'enſuit une contradiction manifeſte dans le fait.

F I N.

TABLE
DES ARTICLES
Contenus dans ce Volume.

ARTICLE V.

ARTICLE VI.

ARTICLE VII.

ARTICLE VIII.

ARTICLE IX.

ARTICLE X.

ARTICLE XI.

ARTICLE XII.

ARTICLE XIII.

ARTICLE XIV.

ARTICLE XV.

ARTICLE XVI.

ARTICLE XVII.

ARTICLE XXV.

Fin de la Table.

www.ingramcontent.com/pod-product-compliance
Lightning Source LLC
LaVergne TN
LVHW020612180726
843502LV00002B/442